헤아려 본 기쁨

헤아려 본 기쁨

지은이 | 박성일
초판 발행 | 2021. 3. 3
2쇄 발행 | 2022. 7. 11
등록번호 | 제1988-000080호
등록된 곳 | 서울특별시 용산구 서빙고로 65길 38
발행처 | 사단법인 두란노서원
영업부 | 2078-3352   FAX | 080-749-3705
출판부 | 2078-3331

책값은 뒤표지에 있습니다.
ISBN 978-89-531-3968-8 03230

독자의 의견을 기다립니다.
tpress@duranno.com   www.duranno.com

두란노서원은 바울 사도가 3차 전도여행 때 에베소에서 성령 받은 제자들을 따로 세워 하나님의
말씀으로 양육하던 장소입니다. 사도행전 19장 8-20절의 정신에 따라 첫째 목회자를 돕는 사역과
평신도를 훈련시키는 사역, 둘째 세계선교(TIM)와 문서선교(단행본·잡지) 사역, 셋째 예수문화 및 경배
와 찬양 사역, 그리고 가정·상담 사역 등을 감당하고 있습니다. 1980년 12월 22일에 창립된 두란
노서원은 주님 오실 때까지 이 사역들을 계속할 것입니다.

헤아려 본 기쁨

C. S. 루이스가 찾은
완전하고 영원한 기쁨을 향해

박성일 지음

두란노

◆ 목차

박성일 목사님의 《헤아려 본 기쁨》을 읽으면서 문득 25년 전 아일랜드 출신 철학자 윌리엄 데스몬드(William Desmond, 벨기에 루뱅 대학교 명예교수, 현 빌라노바 대학교 교수)가 저에게 한 말이 떠올랐습니다. "우리 철학자들은 고통 못지않게 기쁨에 관심을 돌려야 합니다." 그날 저는 "레비나스가 본 고통과 연대"라는 제목으로 특강을 하느라 루뱅 대학교 철학부 강당으로 데스몬드와 함께 걸어가고 있었습니다. 그때 저는 "다음 주제로 다루어 보지요"라고 웃으면서 받아 넘겼습니다. 그런데 제가 하고 싶었던 일을 C. S. 루이스 전문가인 박성일 목사님이 훌륭하게 해 내었습니다.

우리가 '기쁨', '즐거움', '쾌락', '환희' 등 여러 가지로 부르는 상태가 사실은 삼위일체 하나님께 가장 깊은 근원을 두고 있고, 그분을 갈망하고 기대하며 그분으로 인해 현재의 삶을 종말론적으로 사는 것임을 이 책은 명쾌하게 드러내고 있습니다. 팬데믹으로 인해 모두가 고통받는 지금, 이만큼 위로가 되는 배움은 없습니다. 하나님을 향한 갈망과 그로부터 오는 기쁨으로 사는 삶은 믿는 이에게는 행복을 주고, 믿음이 없는 이에게는 더할 나위 없는 신앙의 변증이 됩니다.

강영안 미국 칼빈 신학교 철학신학 교수

《헤아려 본 기쁨》이라는 제목이 낯설지 않습니다. 아마도 C. S. 루이스의 글 "헤아려 본 슬픔"을 역설한 제목일 것입니다. 학자이자 목회자인 저자는 자신의 관점과 복잡한 신학적 개념들을 쉬운 언어로 풀어내는 은사가 있습니다. 또한 시대를 관통하는 루이스의 가르침의 혜안과 매력에 푹 빠져 있는 인물이기도 합니다. 이 책도 루이스가 말하는 하나님 안에서의 기쁨의 실체를 찾아서 저자의 인식과 렌즈로 정리한 글입니다.

2020년은 온 세계가 지우고 싶은 한 해였을 것입니다. 팬데믹과 함께 지구촌에서 일어나는 무지한 혼란, 질병과 죽음, 슬픔과 비통함은 우리 모두에게 더욱 근본적인 질문을 던지고 있습니다. 이러한 고통과 슬픔이 기반된 인류의 질문 앞에 귀한 책이 나왔습니다. 저자는 학자이면서 현장의 목회자답게 현실적인 기반 위에서 루이스의 사변적인 표현들을 뜯어보고 입체적으로 만질 수 있게끔 합니다. 어떤 독자나 목회자도 공감이 가도록 서술한 점이 압권입니다. 특히 하나님의 주권적인 시각에서 풀어낸 루이스의 사색의 결과는 매우 본질적입니다. 오래 덮여 있던 우물을 파듯 그 노고의 작업을 엿볼 수 있습니다. 거짓 기쁨으로 덮인 세속의 찌꺼기들을 걷어 내고 "순전한 기쁨"을 만나는 설렘이 가득한 책입니다.

송태근 삼일교회 담임목사

C. S. 루이스에 대한 책은 많지만, 성경적 세계관으로 그의 저서를 분석하고 비평한 글은 찾기가 쉽지 않습니다. 박성일 목사님은 그러한 시대적 소명을 충실하게 수행하고 있는 귀한 목회자요 학자입니다. 전작 《본향으로의 여정》, 《C. S. 루이스가 만난 그리스도》를 통해 루이스의 신학과 신앙 여정을 한층 더 깊이 이해할 수 있었는데, 이번 책에서는 루이스와 함께 '기쁨 담론'의 여정을 떠나게 해 줍니다. 본디 기쁨이란 진리를 깨닫고 그 안으로 들어가 여행하는 것인데, 《헤아려 본 기쁨》은 그러한 기쁨을 충분히 누리게 해 줍니다. 존 파이퍼(John Piper) 목사님을 통해 이른바 '기독교 쾌락주의'(Christian Hedonism)에 대하여 도전을 받은 독자들이라도 이 책은 더 깊은 기쁨의 신학을 경험하게 해 줄 것입니다. 특히 기쁨에 대한 다양한 영어 표현들이 루이스의 작품에서 어떻게 사용되고 있으며, 그 의미가 무엇인지를 분명하게 깨달을 수 있어서 매우 유익한 책입니다. 천국으로부터 온 이 기쁨이 어떻게 우리의 삶을 사로잡고 있는지 체험하는 귀한 도구가 되기를 바랍니다.

이재훈 온누리교회 담임목사

C. S. 루이스를 꿰뚫는 단 하나의 주제가 있다면 그것은 "기쁨"일 것입니다. 《헤아려 본 기쁨》은 루이스의 생애와 작품 세계를 관통하는 '비밀스러운 끈'을 마치 프리즘처럼 일곱 빛깔 광선으로 보여 주어 독자들이 루이스의 기쁨 담론의 다채로움과 일관성을 이해하고 감상하게 도와줍니다. 원숙한 루이스 연구자인 저자의 친절한 해설을 따라가다 보면 우리는 루이스의 종말론과 인식론, 문학관과 윤리관, 심리학과 신학이 '기쁨'이라는 중심축을 두고 어떻게 서로 맞물려 돌아가는지를 알게 됩니

다. 이 작은 책 한 권으로 가장 루이스다운 면모를 조망하고 그 중심을 통찰할 수 있다는 것은 그의 글을 애정하는 독자들에게, 또 그가 사랑받는 이유가 궁금한 이들에게 큰 선물입니다.

《본향으로의 여정》이라는 루이스의 신학 여정에 대한 탁월한 연구서를 집필한 저자는 이 책에서 루이스로 하여금 그 여정을 걷도록 추동했던 떨림과 울림에 주목하며 그 '헤아려 본 기쁨'을 보화를 발견한 이의 목소리로 들려주고 있습니다. 이 기쁨은 전염성이 매우 높다는 경고의 말씀을 드리는 것으로 추천사를 갈음합니다.

이종태 한남대학교 교양학부 교수

그동안 C. S. 루이스의 신학을 다각도로 조명해 온 박성일 목사가 루이스에게 중요한 주제인 "기쁨"에 대해 풍성하게 소개하는 책입니다. 루이스가 주장하는 기쁨 담론은 믿음의 눈으로 이 세상을 바라보게 합니다. 믿음이 있을 때 기쁨의 참된 의미를 이해할 수 있기 때문입니다. 기쁨의 근원이 천국이고, 곧 천국의 주인인 하나님이시라는 사실을 아는 것은 믿음으로만 가능합니다. 저자의 글은 팬데믹을 지나며 여전히 어두운 상황 속에서도 우리 삶에 가득한 기쁨의 조각들을 찾아내게 합니다.

이 책은 루이스가 기쁨에 대해 쓴 글들을 충실하고 쉽게 풀어냅니다. 그래서 루이스가 말하는 기쁨을 정확하게 이해하도록 합니다. 궁극적으로는 루이스가 말하는 기쁨을 통해 우리 일상에서 기쁨의 대상이신 하나님을 더 깊고 풍부하게 경험할 수 있도록 돕습니다. 기쁨이 절실히 필요한 시대, 이 책을 통해 하나님 안에서의 기쁨을 되찾기를 바랍니다.

이찬수 분당우리교회 담임목사

어둠과 빛, 슬픔과 설렘을 혼합한 아름다움이 더 깊고, 그 조화는 삶의 풍성한 맛을 알게 합니다. 그 삶의 맛을 '기쁨'이라 할 수 있지 않을까요? 저자가 해석한 대로라면 '천국의 품격에 속하는 가장 또렷한 경험'이 기쁨입니다. 저자는 그 경험의 신비를 세밀하게 발라낸 언어로 맛보게 해 줍니다. 이 책을 읽다 보면 우리의 감각은 영원에 닿아 있어 지금 여기에서 영원을 반사하는 기쁨을 느끼고 있었음을 알 수 있습니다. 이미 존재하고 느끼고 있었으나 의식 위로 길어 올리지 못했던 '갈망으로서의 기쁨', 그 기쁨의 면모들을 스치는 즐거움, 향유, 풍미, 희열 등을 이렇게 정돈된 마음으로 들여다보게 해 주다니. 그리고 그 기쁨이 삼위 하나님의 춤의 향연이라는 것을 깨닫고 다시 열망하게 해 주다니. 감사하다는 말이 빈약합니다.

C. S. 루이스의 '기쁨'을 한곳에 모아 한국어로 전할 때, C. S. 루이스가 말하는 의미를 누구보다 잘 알고, 루이스가 예민하게 느꼈던 기쁨의 면모를 탁월한 감각으로 해석하고 풀어낼 줄 아는 이가 정리한다면 더할 나위 없을 것입니다. 저는 개인적으로 오랜 대화와 마음 실은 교제들, 그리고 삶에서 엿본 경험들을 통해 그가 바로 박성일 목사라고 단언할 수 있습니다. 저는 이 책을 누렸고, 누린 만큼 자란 자로서 자부심 가득한 마음으로 이 책을 추천합니다.

정갑신 예수향남교회 담임목사

박성일 목사님의 《헤아려 본 기쁨》을 읽으면서 저자가 프롤로그에서 밝혔듯이 기쁨을 잃고 두려움에 잠식되는 시대, 안개처럼 탄식으로 자욱한 시대를 지나고 있는 우리의 모습이 새삼 보였습니다. 하지만 글을 읽으면 읽을수록 저는 이런 생각에 감사하고 설렜습니다. '그렇지, 우리에게는 우리를 기다리는 나라가 있지. 오늘도 여전히 아침이슬처럼 그곳으로부터 내리는 기쁨!' 이 깊은 글은 C. S. 루이스의 삶에서 만난 '기쁨'의 근원을 차근차근 가리켜 결국 천국을 향한 상상으로 나아갑니다. 마치 묻혀 있던 소유를 다시 일깨우는 친구와도 같이….

하덕규 백석예술대학교 실용음악과 교수

우리는 《헤아려 본 기쁨》을 통해서 C. S. 루이스의 '기쁨의 신학'을 배울 수 있습니다. 제게 이 책은 두 가지 큰 유익을 주었습니다. 첫째, 우리는 코로나19라는 고통의 시대를 살아가면서 진정한 기쁨을 원하고 있습니다. 이 책은 고통을 신학적으로 명쾌하게 풀어낸 C. S. 루이스가 알려 주는 기쁨에 대한 주해로서, 기쁨으로 고통을 이기며 기쁨이 최종적인 선물임을 알려 줍니다. 둘째, 이 책은 루이스가 제시하는 기쁨을 7가지로 정리했는데, 그 내용은 이 시대 성도들이 기쁨으로 어려움을 극복하며, 그 기쁨으로 이 땅에서 성도답게 살아야 하는 과제 앞에 큰 도움을 줄 것입니다. 특히 기쁨 중에서 '풍미'(Taste)는 특별한 깨달음의 지평을 열어 줍니다. 저자는 C. S. 루이스가 말하는 '풍미'를 '타자에 대하여 이전에 느끼지 못하던 새로운 맛을 깨달으면서 얻는 기쁨'이라고 정의합니다. 사회적 거리두기에 익숙해지면서 타자에 대한 풍미가 더욱 필요한 시대입니다. 이 책은 개인 묵상, 소그룹 토의를 위한 주제, 그리고 설교 자료 등으로 유용하게 사용될 수 있을 것입니다.

한규삼 충현교회 담임목사

기쁨 담론의
가장 든든한 동행

2020년은 세계사에 남을 한 해가 되었습니다. 온
인류는 길고 긴 팬데믹의 끝이 보이지 않는 터널을 지나왔
고, 해를 넘겼음에도 여전히 터널 속에 있습니다.

주위에 있는 의사들의 설명에 의하면, 코로나19의 감염
으로 인하여 치료가 필요하고 생명의 위협을 받는 환자들
뿐 아니라 그 외의 병들로 의사를 찾는 경우가 확연하게
증가했다고 합니다. 특히 정신적 스트레스와 우울감을 이
기지 못해 의료진의 도움을 구하는 자들이 밀려오고 있다
고 합니다.

이 시대를 살고 있는 사람이라면 누구나 충분히 동감할
수 있는 현상입니다. 코로나19라는 희귀의 바이러스가 점

령한 현실 앞에 인류는 무기력함을 경험하고 있습니다.

제가 거주하는 미국은 겨울을 보내며 가장 극심한 바이러스의 확산세를 경험했습니다. 23년간 한 교회를 목회하고 있는 필자의 경험상, 2020년에는 가장 많은 장례식을 치렀습니다. 건강뿐 아니라 경제적 손실이 이만저만이 아닙니다. 작은 사업을 하던 교민들 중에 더 이상은 버틸 수 없어서 사업을 접고 일찍 은퇴를 선언한 분들이 허다합니다. 많은 사람이 감정적 한계점에 도달한 듯 조바심과 압박감이 쓰나미처럼 몰려오는 경험을 하고 있습니다.

이처럼 지극히 현재적으로 직면한 어려움이 전부가 아닙니다. 이 시대의 문화 자체가 극심한 진통을 겪고 있습니다. 크고 작은 공동체들이 붕괴되고 사람들이 파편처럼 흩어지고 있습니다. 이미 오래전부터 확산되어 온 개인주의적 성향이 문제가 아니라, 실제적으로 사람들은 사회적 공간으로부터 멀어져 가고 있습니다. 가상현실이라는 현실 아닌 현실 속에서 대다수의 시간을 보내고 있는 밀폐형 삶을 사는 사람들이 너무 많아진 듯합니다.

죄의 대표적 증상이 자아에 대한 과다한 관심과 집착이라면, 이 시대의 문화는 이런 경향을 극복하려 하기보다는 그 자체의 일종의 편안함을 느끼고 있는 것 같습니다.

그러나 그 결과는, 편안은 모르겠지만 평안은 없습니다. 인격적 만남과 나눔이 멈춰진 사회 속에서 인간은 극도의 고독과 불행을 느끼고 있습니다. 작은 일에도 크게 좌절하고, 일상적인 실망감도 이기지 못해 삶 자체를 포기하는 경우들이 주위에 보입니다. 마음에 분노와 두려움 같은 부정적 감정이 쌓이고, 너무 쉽게 폭발하고, 때로는 폭력적이 되어 갑니다. 요즘 적지 않게 드러나는 가정 폭력, 특히 아동 폭력의 실태를 보면, 부성애나 모성애의 수준은 고사하고 인간성 자체에 깊은 회의감이 듭니다. 이것이 지금 우리가 직면한 우리의 모습입니다.

그런데 사실 우리의 문제는 단순히 시대적인 것만은 아닙니다. 망가진 세상 속에 인간은 본질적으로 불안합니다. 현세 속 인간의 존재적 현실 자체가 무척이나 어둡고 회의적입니다. 이 같은 인간의 보편적인 깊은 고민을 잘 표현해 주는 말씀이 시편 107편입니다.

첫째로, 인간은 존재적 목마름과 배고픔을 경험하고 있습니다. "주리고 목이 말라 그들의 영혼이 그들 안에서 피곤하였도다"(시 107:5). 누가 이 현실을 부정하겠습니까.

둘째로, 인간은 보편적으로 반복적 노동이라는 감옥 속에 살아가고 있습니다. 이런 "곤고와 쇠사슬에 매임"(시 107:10) 때문에 끊임없이 움직이며 일하는 사람들에게도 허무감이 몰려옵니다. 이는 시편 기자뿐 아니라 전도서를 기록한 지혜자 역시 고민했던 내용입니다. "일평생에 근심하며 수고하는 것이 슬픔뿐이라 그의 마음이 밤에도 쉬지 못하나니 이것도 헛되도다"(전 2:23).

셋째로, 인간은 병들고, 결국 죽음의 문턱까지 이르게 됩니다. 음식물을 입에 넣을 수 없을 만큼 몸이 망가지고 고통스러운 순간들이 우리에게 찾아옵니다. 한 번도 병들지 않고 이 세상을 살아가는 사람은 없습니다. 그리고 무엇보다 마지막 질병은 우리 육체의 삶을 끊어 놓습니다.

마지막으로, 우리를 더욱 불안하게 하는 한 가지가 더 있습니다. 즉 인간은 자기 한 치 앞의 일을 볼 수가 없고, 언제 어떤 삶의 풍랑이 닥칠지 알지 못한다는 것입니다. 인생이라는 여정 속에 언제 광풍이 불어닥칠지, 어떤 거대한 파도가 솟아오를지 모르는 일입니다. 그래서 갑작스럽게 당하고, 또 잠시 잊고, 또 거듭 당하면서 불안한 걸음을 걷고 있는 것입니다. 이것이 모든 인간이 당면한 현실이고, 극복할 수 없는 한계입니다. 이 사실을 깨닫지 못하고 인생의 여정을 가는 자는 지혜롭지 못합니다. 고통과 슬픔은 이와 같이 인간에게는 본질적 경험입니다.

20세기를 대표하는 기독교 지성인이며 변증가로 인정받는 C. S. 루이스(C. S. Lewis)의 인생에 있어서도 거대한 주제는 "고통"이었습니다. 그가 열 살이 되기도 전에 그의 어머니는 암으로 세상을 떠났습니다. 루이스는 당시 경험에 대해서, 자신의 유아기에 포근하게 자리 잡고 있던 행복감이 순식간에 사라졌고 그 느낌은 다시 돌아오지 않았다고 진술했습니다.

그리고 50여 년이 지난 후 그는 느지막한 중년 나이에 조이 데이빗맨(Joy Davidman) 여사와 결혼을 했습니다. 하지만 애틋한 우정과 사랑으로 맺어진 두 사람의 행복은 불과 4년을 넘기지 못하고 끝을 맺었습니다. 조이 역시 암이 재발해 죽음을 맞이하게 된 것입니다.

루이스는 또다시 사랑하는 여인과 사별하며 깊은 슬픔의 늪으로 빠져들었습니다. 그때 그의 영혼의 깊은 고통으로부터 터져 나오는 비명을 《헤아려 본 슬픔》(홍성사, 2019)에 담았습니다. 앞서 루이스는 "고통"이라는 주제를 《고통의 문제》(홍성사, 2018)에서 변증적으로 다뤄 보기도 했습니다.

그런데 우리의 인생에 슬픔과 고통만큼이나 강렬하고 거대한 또 다른 경험이 있다면, 그것은 바로 기쁨입니다. 우리 모두의 머릿속에도 기쁨이 샘물처럼 솟아나 넘쳐흘렀던 날들의 기억이 있습니다. 너무나 그리웠던 사람을 다시 만났을 때, 몇 번이고 반복해서 실패했던 일을 결국 해

냈을 때, 애를 태우며 입시 결과를 기다리던 중 합격 통지서가 도착했을 때, 정말 좋아하던 사람의 입에서 "나도 너를 좋아해!"라는 말을 들었을 때, 긴 진통 후에 기다리던 아기가 건강하게 태어났을 때, 떨리는 마음으로 법정에 서 있던 피고인이 판사로부터 무죄를 선고받았을 때, 죄의식과 수치감으로 신음하던 중 용서와 새 출발의 기회가 주어졌을 때 등입니다.

우리의 여정이 고난으로 빚어졌다 할지라도, 그 속에는 엄연히 기쁨이 존재한다는 사실을 부인할 수 있을까요? 혹시 기쁨을 경험해 보지 못했다고 하는 아주 희귀한 경우가 있다 할지라도, 이는 마치 열대 지방에 사는 사람이 하늘에서 떨어지는 흰 눈을 본 적이 없다고 하는 것과 같을 것입니다. 자신은 본 적이 없다 해도 흰 눈은 여전히 존재합니다. 기쁨 역시 인류 보편적으로 존재하는 인간의 공통된 경험입니다.

지금은 우리가 어려운 시간을 지나고 있다 할지라도, 이 시기는 기쁨에 대한 예비이기도 합니다. 슬픔이 변하여 기쁨이 되는 날이 반드시 오는 것이 삶의 이치이기 때문입니다. "울 때가 있고 웃을 때가 있으며 슬퍼할 때가 있고 춤출 때가 있으며"(전 3:4). 그러므로 기쁨 역시 슬픔만큼 '헤아려 볼' 가치가 충분히 있습니다. 아니, 우리가 고통의 시간을 벗어나 기쁨을 맞이하고자 하는 열망이 커질수록 기쁨에 대해 관심을 가져야 할 필요가 있습니다.

우리는 기쁨에 대해서 질문해 봐야 합니다. 기쁨은 어떤 모습으로 존재하는지, 기쁨은 어디에 근거하는지, 그리고 기쁨의 경험이 어떤 의미를 부여하는지…. 그리고 이를 위해 루이스와의 동행을 선택하는 것은 좋은 결정입니다. 루이스는 고통과 슬픔을 헤아리는 데 탁월한 통찰력을 보여 주었습니다. 그런데 또 하나의 사실은 그는 슬픔이나 고통보다도 기쁨에 대해서 할 말이 더 많았다는 것입니다.

루이스는 여러 각도에서 기쁨에 대해서 논했습니다. 특히 그는 기쁨과 깊은 연관이 있는 'Joy'라는 이름의 갈망의 경험을 이론화함으로써 수많은 사람의 상상력과 사고력에 불을 붙였습니다. 그 내용을 "Surprised by Joy"[《예기치 못한 기쁨》(홍성사, 2018)]라는 제목의 자서전적 신앙 고백서에 담아 놓았습니다.

그래서 저는 기쁨에 대한 여러 가지 이야기들을 루이스로부터 들어 보기로 했습니다. 그가 풀어 놓은 이야기들을 정리하다 보면 아마도 아주 풍성한 기쁨 담론이 가능하지 않을까 하는 기대감 속에서 말입니다.

　　루이스의 기쁨 담론을 정리해 나가다 보니, 아무래도 언어적 고려가 중요하다는 생각을 떨칠 수가 없었습니다. 루이스는 영문으로 글을 썼고, 그가 쓴 단어는 각기 고유의 자리와 뉘앙스를 지니고 있습니다. 우리말에도 '기쁨'이라는 순수한 단어 외에도 '즐거움', '희열', '환희' 등 여러 단어들이 조금씩 다른 어감을 지니고 있는 것과 마찬가지입니다. 더군다나 '기쁨'이라는 단어를 가장 보편적으로 담고 있는 영어 단어 'Joy'의 경우, 루이스의 생각을 이해하는 데 있어 아주 조심스럽게 다룰 수밖에 없습니다.

　　루이스가 사용하는 'Joy'는 일반적으로 '기쁨'으로 번역할 수 있는 단어가 아닙니다. 사실상 하나의 고유명사로 취급되어야 합니다. 왜냐하면 'Joy'는 루이스가 낭만주의 시인 윌리엄 워즈워스(William Wordsworth)로부터 가지고 온 아주 특별한 단어이기 때문입니다. 루이스의 《예기치 못한 기쁨》은 바로 이러한 의미에서의 'Joy'의 이야기를 풀어 갑니다. 그래서 'Joy'를 '기쁨' 또는 '희열'로 번역하는 것 자체가 무리가 있습니다.

그런데 'Joy'뿐 아니라 'pleasure', 'enjoyment', 'taste', 'delight' 등 각 단어가 지니고 있는 독특한 색채를 루이스가 구별하여 사용하고 있다는 점을 고려해야 합니다. 그래서 이 책에서 각 장을 루이스가 자주 사용한 기쁨과 연관된 영어 단어들을 하나씩 중심에 두고 내용을 전개해 보았습니다. 그리고 'Joy'는 '갈망'으로, 'pleasure'는 '즐거움'으로, 'enjoyment'는 '향유'로, 'taste'는 '풍미'로, 'delight'는 '희열'로 번역해 보았습니다.

아무쪼록 이런 시도가 독자들이 루이스의 생각을 이해하는 데 도움이 될 수 있기를 기대합니다. 루이스가 살았던 시대와 상황, 그리고 당시의 문화가 오늘날 독자들이 위치한 자리와는 상당히 거리가 있을 수 있습니다. 따라서 그 간격을 줄이고 소통을 극대화하는 방법은 루이스의 삶의 자리에서 그가 말하려고 하는 내용을 최대한 정확하게 파악해 보는 것과 아울러 그 의미를 독자들이 잘 이해하도록 효과적으로 전달하는 것뿐입니다.

이 책의 주 내용은 창작이 아닙니다. 앞서 출판된 저서에서도 이러한 표현을 했지만, 제가 취한 방법은 다루고자 하는 주제에 대한 루이스의 글들을 주해(exegesis)하려는 노력입니다. 모든 좋은 주해가 그렇듯이, 원저자의 의도가 가장 정확하게 파악되어 그 결과가 전달되는 것이 중요합니다. 필요하다고 느낀 부분에서는 루이스의 생각 위에 제 설명과 논평을 덧입히는 정도의 노력을 했음도 밝혀 둡니다.

루이스의 글들을 풀어낼 때는 그 글의 출처를 대부분 본문 자체에 밝혔고, 혹시 도움이 된다고 판단되면 영어 원문을 주석으로 달았습니다. 루이스의 글들의 영문 버전이 워낙 다양하다 보니 페이지 번호를 밝히기보다는 인용한 내용이 어느 책의 몇 장(chapter)에 기록된 것이라는 정도로 설명해 놓은 경우가 많습니다. 이 책에 직역 또는 의역으로 인용된 루이스의 글들은 제가 원문에서 직접 번역해 사용한 것입니다. 하지만 글의 출처를 밝힐 때는 독자들의 편의를 돕는 차원에서 가능하면 이미 국내에 출간된 번역서의 제목을 함께 기록했습니다.

기쁨이 절실히 필요한 시대에 이 작은 책자를 통해서 독자들의 마음에 위로와 격려가 임한다면 더 바랄 나위가 없습니다. 페이지마다 'Joy'라는 갈망의 트리거(trigger, 방아쇠)가 작동하기를 기원합니다.

2021년 사순절에
박성일

1장

기쁨 담론(Hedonics)의
타당성

"기쁨"이나 "즐거움"을 주제로 한 C. S. 루이스의 글들을 찾아보다가, "히도닉스"(*Hedonics*)라는 독특한 제목을 한 짧은 에세이를 발견하게 되었습니다.[1]

'히도닉스'(hedonics)라는 단어는 생소한 만큼이나 흥미롭습니다. '즐거움' 또는 '쾌락'이란 의미의 헬라어 단어 '헤이도네이'(ἡδονή)를 어원으로 합니다. 우리에게는 '헤도니즘'(hedonism, 쾌락주의)이라는 파생어가 익숙합니다. 하지만 '히도닉스'도 엄연히 영어 사전에 존재하는 단어입니다. 사전에는 '윤리학의 이론 중 하나'라고 쓰여 있지만, 쉽게는

'즐거움에 대한 연구'라 할 수 있을 것 같습니다. 좀 더 따뜻한 표현을 쓴다면 '기쁨 담론'이라고 할까요?

이 간결하지만 중요한 에세이에서 루이스는 기쁨 담론의 타당성을 주장하려고 합니다. 왜냐하면 그가 깨달은 것은 기쁨이란 그저 스쳐 지나가는 가벼운 감정 정도가 아니라, 인간이 초자연적 존재라는 사실을 입증하는 중대한 경험이기 때문입니다. 우리의 의식 속에 침투한 기쁨이 의미하는 바를 잘 살펴볼 때 우리 존재의 근원과 목적까지 추적해 갈 수 있다는 것이 루이스의 기쁨 담론이 추구하는 방향입니다.

◆ 기쁨 담론의 시작

이 글에서 루이스는 런던의 패딩턴 역을 떠나 주변 도시인 해로우로 기차 여행을 하는 중에 느꼈던 경험을 설명합니다. 옥스포드나 케임브리지 같은 작은 대학촌에서 생활하는 데 익숙했던 루이스에게 런던 같은 대도시나 근교에

'교외'라 불리는 주택가는 생소했던 터라, 도시를 빠져나와 시외를 관통하는 이 작은 여정도 그에게는 특별했던 모양입니다. 런던의 중심가는 낮에는 분주하지만, 그곳에 거주자는 별로 없습니다. 런던이 무대라면, 근교의 거주지는 무대 뒤에 위치한 분장실이나 드레스 룸 같습니다.

사람들을 가득 태운 기차는 런던이라는 무대를 떠나 그 뒤에 실제로 사람들이 거주하는 지역으로 향했습니다. 이른 저녁 기차에 올랐을 때 퇴근하는 사람들이 그득히 함께 타고 있었고, 역을 하나씩 지날수록 기차의 좌석들이 조금씩 비워졌습니다.

저녁의 비긴 해를 느끼면서 기차가 시외의 역에 짧지 않은 시간 멈출 때마다 갑작스럽게 찾아오는 긴 정적을 느꼈습니다. 한적한 기차 칸 속에서 은은한 햇빛을 맞으며 서서히 마음을 물들여 오는 일종의 행복감 같은 것을 느끼게 된 것입니다. 이것은 그에게 강요된 행복이 아니라, 그저 그 순간 푸근하게 주어진 것이었습니다. 마치 멀리서부터 들려오는 음악 소리같이 쉽게 모른 척할 수도 있는 그런 느낌이었습니다.

그런데 그때, 무언가가 그에게 이 행복감 속으로 항복하고 들어오라는 초청을 하는 듯했습니다. 사실 그날은 별로 달갑지 않은 부탁에 어쩔 수 없이 응하고 가는 길이라서 조금은 짜증스러운 상태였습니다. 더군다나 모든 일을 마치고 밤늦게 옥스포드로 귀가할 생각을 하니 더욱 피곤이 몰려오는 것 같았습니다. 따라서 그 순간 즐거움 속으로 부르는 초대는 뜻밖이었습니다. 뭔가 이해하기 어려웠지만, 그러면서도 포근하고 마음을 들뜨게 하는 초청이었습니다. 결국 그는 초청에 응하고 말았습니다. 그리고 남은 여행은 다른 말로는 설명할 수 없는, 그저 '기쁨'이라고 표현할 수밖에 없는 것이 되었습니다.

이 이야기에서 루이스는 한 가지 재미있는 이미지를 소개합니다. 바로 어두워지는 시간에 기차를 타고 가다가 창밖을 보면 기차의 내부가 반사되어 마치 또 다른 기차가 옆에 붙어서 달리는 것 같은 느낌이 든다는 것입니다. 그는 그날 느꼈던 기쁨으로의 초대는 또 다른 현실 속으로, 마치 옆에 붙어서 달리고 있는 다른 공간 속으로 불러들이는 것 같았다고 말합니다.

루이스는 우리의 인생에는 두 종류의 삶이 있다고 말합니다. 하나는 이력서에나 올릴 만한 객관적 증명이 가능한 내용으로 채워진 삶입니다. 그런데 또 다른 삶이 그 옆에 평행으로 붙어 함께 가고 있습니다. 그 다른 삶의 공간은 신비와 경이로움, 떨림과 광활함 같은 느낌으로 우리에게 다가옵니다. 이지적으로 판단되고 가늠되는 삶이 전부가 아니고, 직관적으로 느껴지는 경험들이 있습니다. 아마도 이 평행을 달리고 있는 삶들은 이 두 가지 각각의 측면을 대표하는 공간들인지 모르겠습니다.

루이스가 주장하는 것은 '바로 이 직관적인 경험의 내용들도 지적인 헤아림과 논리적 이해가 가능하지 않을까?'인 듯합니다. 루이스는 낭만주의적 경향을 충분히 지녔지만, 동시에 합리주의자의 모습도 분명히 드러내는 아주 독특한 유의 사람이었습니다. 그는 "히도닉스"라는 에세이를 통해서 바로 그 직관적 삶과 경험에 대해서 논리적인 연구를 해 보는 것이 어떻겠냐고 도전하고 있습니다.

그는 자신이 살고 있는 시대가 너무 오랫동안 자연주의적 현실주의(Naturalistic Realism)에 억눌려 왔다고 토로합니다.[2] 하지만 이 현실주의는 가짜 현실주의입니다. 왜냐하면 분명한 인류 보편적 경험들을 억제하고 사람들의 마음을 닫아 두려고 하기 때문입니다. 우리는 매 순간 우리 속으로 흘러들어오는 삶의 속삭임(the murmur of life)에 귀를 기울여야 합니다. 그리고 진정한 현실주의자가 되어서 쉴 새 없이 삶의 다른 공간에서부터 우리의 일상 속으로 파고드는 암시를 받아들여야 합니다. 바로 여기서부터 기쁨 담론이 시작될 수 있을 것입니다.

제가 이 책에 담아내려고 하는 것은 바로 이 다른 공간에 속한 경험에 대한 이야기입니다. 루이스에게 기쁨이란 그렇게 이해된 경험입니다. 그저 스쳐 지나가는 가벼운 감정 정도가 아니라, 기쁨의 의미는 깊고 높고 영원합니다. 왜냐하면 루이스의 세계관 속에서는 우주의 근본이 하나님이시고, 사랑이라고밖에는 표현할 수 없는 바로 그 하나님의 삼위일체적 존재가 기쁨을 사방으로 끊임없이 뿜어내고 계시는 현실이기 때문입니다. 우리가 누리는 기쁨의 순간들은 우주의 가장 중심부와 연결되는 위대한 사건들이기 때문입니다.

이 현실을 이해하지 못한다면, 인생 전부가 무의미해질 수밖에 없습니다. 오직 물질세계만 존재한다고 주장하는 자연주의 세계관의 늪에 빠져서 이 신비한 우주의 실재를 인식하지 못하면, 세상과 인생은 허무와 혼동의 소용돌이가 되어 버립니다. 반면, 초자연주의는 우리의 삶 전체를 포괄적으로 아우를 수 있는 사고의 체계입니다.[3] 그 안에서 우리는 기쁨의 경험들을 포함한 삶 전체의 경험들을 의미 있게 전개해 볼 수 있습니다. '히도닉스'의 필요를 주창한 루이스와 함께 말입니다.

◆ 성경의 중심 주제인 "기쁨"

그런데 기쁨 담론의 타당성은 단순히 루이스의 주장만이 아닙니다. 가장 기본적 근거를 찾아간다면, 당연히 성경입니다. 우리는 모든 지식의 근본이 되는 성경 안에서 기쁨에 대한 수없이 많은 언급을 발견하게 됩니다. 사실 "기쁨"은 성경을 관통하는 대표적인 주제 중에 하나입니다. 성경

속에 나타나는 기쁨에 대한 언급 중 일부라도 간추려 살펴
본다면 더욱 확실하게 느껴질 것입니다.

구약 성도들의 신앙의 중심은 찬양과 감사가 터져 나오
는 기쁨의 예배와 절기마다 벌어지는 축제였습니다. 이스
라엘의 종교는 고요한 침묵의 종교가 아니라, 외치고 부르
짖고 춤추는 종교였습니다.

선지자가 꿈꾸며 바라본 하나님의 임재는 기쁨이 충만
한 현실입니다. "너의 하나님 여호와가 너의 가운데에 계
시니 그는 구원을 베푸실 전능자이시라 그가 너로 말미암
아 기쁨을 이기지 못하시며 너를 잠잠히 사랑하시며 너로
말미암아 즐거이 부르며 기뻐하시리라 하리라"(습 3:17). 또
한 시인이 노래한 하나님은 생명과 기쁨의 근원이십니다.
"주께서 생명의 길을 내게 보이시리니 주의 앞에는 충만
한 기쁨이 있고 주의 오른쪽에는 영원한 즐거움이 있나이
다"(시 16:11).

그러므로 구원은 절망에서 희망으로, 매임에서 자유로
나아가는 것이며, 그 결과로 우리는 잠잠하지 못하고 터져
나오는 찬양을 구원의 주님께 올려 드리게 됩니다. "주께

서 나의 슬픔이 변하여 내게 춤이 되게 하시며 나의 베옷을 벗기고 기쁨으로 띠 띠우셨나이다 이는 잠잠하지 아니하고 내 영광으로 주를 찬송하게 하심이니 여호와 나의 하나님이여 내가 주께 영원히 감사하리이다"(시 30:11-12).

예수 그리스도는 고난의 종으로 오셨지만, 그분이 전파하신 복음의 중심은 하나님 나라이고, 바로 이 하나님 나라는 기쁨을 제외하고는 설명할 수 없는 현실입니다. 하나님 나라의 복음은 말 그대로 기쁜 소식입니다. "천국은 마치 밭에 감추인 보화와 같으니 사람이 이를 발견한 후 숨겨 두고 기뻐하며 돌아가서 자기의 소유를 다 팔아 그 밭을 사느니라"(마 13:44).

예수님이 보여 주신 천국은 혼인 잔치와 같고, 신랑은 바로 그리스도 자신이십니다. 주님은 제자들이 왜 금식을 하지 않는지에 대한 질문을 받으셨을 때 혼인집 손님들이 신랑과 함께 있을 동안에 슬퍼하고 금식할 수 없다고 말씀하셨습니다(마 9:15). 그래서 예수님은 제자들과 함께 '먹고 마시며' 잔치하셨습니다. 그 모습을 본 사람들은 그분을 가리켜 "먹기를 탐하고 포도주를 즐기는 사람"(마 11:19)이라고 말하며 비꼬기까지 했습니다.

주님이 '착하고 충성된 종'이라고 칭찬하신 사람들에게
주어진 최고의 보상은 "주인의 즐거움에 참여"(마 25:21)하
는 것이었습니다. 그분은 잃어버린 양을 다시 찾아내기까
지 찾으셨고, 결국 찾아내시고 말았습니다. 잃은 자를 다
시 찾은 일을 기뻐하신 주님이 벗과 이웃들을 불러모아 하
신 말씀은 "나와 함께 즐기자"(눅 15:6)였습니다. 죄인 한 사
람의 회개는 이처럼 큰 기쁨이 되었습니다.

잃어버린 아들을 되찾은 하늘 아버지의 기쁨도 마찬가
지입니다. 이 기쁨에 참여하기를 거부하는 맏아들에게 아
버지는 이렇게 말했습니다. "이 네 동생은 죽었다가 살아
났으며 내가 잃었다가 얻었기로 우리가 즐거워하고 기뻐
하는 것이 마땅하다"(눅 15:32).

하나님이 예수 그리스도를 통해 우리를 다스리신다는
복음은 기쁘고 복된 소식입니다. 예수 그리스도의 복음을
나누기를 기뻐했던 사도 요한은 그의 첫 서신을 쓴 이유를
이렇게 밝혔습니다. "그의 증거를 통하여 우리가 아버지와
그리스도와 더불어 사귐을 누리고, 우리의 기쁨이 충만하

게 하려는 것이다"(요일 1:3-4 참고). 요한이 설명한 '새 생명' 또는 '영생'은 새로운 차원의 삶이며, 그것은 삼위일체이신 하나님과의 교제 안으로 들어가는 것입니다. 이 대단한 현실이 주는 결과는 세상의 기대를 뛰어넘는 초월적인 기쁨의 경험입니다.

사도 베드로도 마찬가지입니다. 흩어진 나그네로 살아가는 성도들이 지금은 "여러 가지 시험으로 말미암아 잠깐 근심하게 되지 않을 수 없으나 오히려 크게 기뻐하는도다"(벧전 1:6)라고 선언했습니다. 믿음은 이제는 "믿고 말할 수 없는 영광스러운 즐거움으로 기뻐"(벧전 1:8)하게 하는 놀라운 영적 힘입니다. 고난 중에 즐거워할 수 있는 그의 비결 역시 그리스도께 있습니다. "너희가 그리스도의 고난에 참여하는 것으로 즐거워하라"(벧전 4:13상). 역설적인 이 기쁨의 원인은 그리스도가 약속하신 결과에 대한 확신이 매우 분명하기 때문입니다. "이는 그의 영광을 나타내실 때에 너희로 즐거워하고 기뻐하게 하려 함이라"(벧전 4:13하).

사도 바울도 기쁨을 설파했습니다. 항상 기뻐하는 것이 자녀들을 향한 하나님 아버지의 뜻이라고 했고(살전 5:16-18),

무고하고 억울한 옥살이 중에서도 고난 중에 있는 성도들을 위해서 빌립보서를 써 보냈습니다. 이 서신의 별명은 '기쁨의 편지'입니다. 바울의 비결은 '주 안에서 기뻐하는 것'(빌 3:1)이었습니다. 그래서 바울은 너무나 확실하게 "주 안에서 항상 기뻐하라 내가 다시 말하노니 기뻐하라"(빌 4:4)라고 힘주어 말했습니다.

성도가 하나님의 자녀 된 것을 확증하며 인 치시는 성령을 '자녀 됨(양자)의 영'이라고 부릅니다(롬 8:15). 그리고 성령이 자녀 안에 거하시는 것은 하나님이 자녀에게 예비하신 종말적 기업의 보증이 되시는 '약속의 인 치심'입니다(엡 1:13-14). 그런데 성령이 성도의 삶에서 맺으시는 성령의 열매에서 '희락'이 빠질 수 없습니다(갈 5:22).

이처럼 기쁨은 잠시 있다 사라지는 일시적 부작용이 아니고, 신앙의 올바른 작용이며 본질에 속하는 것입니다.

✦ 볼프의 기쁨의 신학

"기쁨"이 성경의 중요한 주제라면, 기쁨에 대한 많은 신학적 숙고가 이루어지는 것이 당연할 것 같습니다. 하지만 기쁨을 주제로 하는 괄목할 만한 신학적 작업은 많이 이루어지지 않은 것이 현실입니다.

현대에 와서도 이 상황은 크게 변하지 않았습니다. 굳이 몇 가지를 언급한다면, 위르겐 몰트만(Jügen Moltmann)의 아주 간결한 책 《신학과 기쁨》(Theology and Joy), 칼 바르트(Karl Barth)의 《교회 교의학》(대한기독교서회, 2017) 제3권에 나오는 종말적 기쁨에 대한 숙고, 그리고 한스 우르스 폰 발타사르(Hans Urs von Balthasar)의 《신적-드라마》(Theo-Drama)에 간단히 주장되고 있는 삼위일체 속에 드러난 기쁨과 고통의 관계를 설명한 내용 정도입니다.[4] 그렇다면 기쁨의 신학, 또는 기쁨 담론을 전적으로 다룬 연구는 사실상 부재하다는 결론을 내릴 수도 있겠습니다.

그런데 최근 들어 미국 예일 대학교 신학과 교수인 미로슬라브 볼프(Miroslav Volf)를 중심으로 '좋은 삶(good life)과 질적 풍요로움(flourishing)을 누리는 삶'에 대한 연구가 진행되었습니다. 그는 다원화된 사회 속에서 종교가 지닌 정당한 역할에 대해 고민했고, 결국 '좋은 삶'과 '풍요로움'에서 그 열쇠를 찾았다고 주장했습니다.[5] 우리의 관심을 끄는 점은 볼프가 정의하는 '좋은 삶' 속에 기쁨이 차지하는 자리입니다.

볼프는 3가지의 축으로 좋은 삶을 설명하려고 합니다. 첫째는 인간으로서 가치 있는 삶을 살아 내는 것이고(the life that is lived well), 둘째는 이런 삶이 지속될 수 있는 상황을 누리는 것이며(the life that goes well), 셋째는 그 결과로 찾아오는 감정적 충족(the life that feels good)입니다.

그가 기독교적 용어로 설명한 3가지 축은 다음과 같습니다. 가치 있는 삶은 '공의'를 추구하는 삶이고, 이런 삶이 지속될 수 있는 상황은 '평강'이고, 결과적인 감정적 충족은 '기쁨'입니다. 이것은 로마서 14장 17절, "하나님의 나라는 … 오직 성령 안에 있는 의와 평강과 희락이라"라는 말씀과 맥을 같이한다고 볼 수 있지 않을까요?

그러므로 볼프는 기쁨을 좋은 삶과 풍요로움의 중대한 결과물로 보았습니다. 그는 기쁨에 대해서 '큰 즐거움 또는 행복감'(a feeling of great pleasure and happiness)이라는 사전적 의미로는 부족함을 느낍니다.

그렇다면 기쁨을 어떻게 설명하면 좋을까요? 우선, 기쁨은 주관적으로 느끼는 느낌 이상의 것입니다. 기쁨은 반드시 어떤 대상에 대한 것입니다. 모든 감정이 그렇듯이, 기쁨도 어떤 대상에 대한 반응으로 이해되어야 합니다.

볼프는 토마스 아퀴나스(Thomas Aquinas)를 인용해 기쁨을 '우리가 사랑하는 대상과의 연합에 대한 반응'이라고 정의했습니다. 아울러 기쁨은 그 대상을 선한 것으로 규정한 결과라고 소개합니다. 우리가 반응하고 있는 그 대상이 실제로 존재하는 것은 물론이고 그것이 선하고 아름답다고 받아들일 때 기쁨이 유발된다는 것입니다. 그래서 볼프는 기쁨을 규정하기를 "내가 선한 축복으로 받아들인 세상과 내 자아가 감정적으로 조율되었을 때"[6] 일어나는 것이라고 했습니다. 그러므로 그는 '기쁨을 배양하는 것은 우리에게 아주 중대한 일'이라고 말합니다.[7]

그러므로 볼프는 기쁨에는 윤리적 측면이 있다고 보았습니다. 왜냐하면 대상에 대한 가치 측정이 동반되기 때문입니다. 그렇다면 기뻐함, 즐거워함이 책임 소지가 될 수 있습니다. 그래서 기뻐함을 명령하는 성경의 말씀들이 타당하다고 여겨지게 됩니다. 하지만 볼프는 기쁨은 명령되지만 강요될 수는 없다고 강조합니다. 왜냐하면 나 자신이 그 가치에 동감하고 동의해야 내가 기뻐할 수 있기 때문입니다. 그렇다면 기쁨은 나의 자유로운 반응입니다. 그렇지 않으면 기쁨이 아닙니다.

아울러 기쁨은 사랑과 함께 '영원을 구하는'(eternity-seeking) 감정입니다. 이런 측면에서 기쁨은 우리 안에 어떤 동기를 유발하는 힘이 있습니다. 따라서 기쁨은 한 개인, 사회 및 정치적 변화의 시작이 될 수 있고, 또 그 변화를 이루어 낸 이후의 결과물이 되기도 합니다.

또한 볼프가 강조하는 것은 기쁨이 가장 극대화되는 자리는 공동체라는 것입니다. 기쁨은 동반자를 찾고, 함께 즐거워하는 동반자는 서로의 기쁨을 확대시킵니다. 그러므로 기쁨이 가장 활성화된 자리에는 공동체적 잔치와 축제가 있습니다. 기쁨이 활성화된 사회적 공간은 기쁨의 분위기가 조성됩니다. 그 자리에 참여하는 자들은 기쁨의 분위기 속으로 들어가고, 또 그 기쁨이 그들 속으로 들어갑니다.

볼프의 주장을 종합해 보면, 우선 기쁨은 참여자의 '성품'(character)과 긴밀하게 연결되어 있습니다. 가장 진정한 기쁨은 인간으로서 가치 있는 좋은 삶을 살고 있을 때 의미를 갖게 됩니다. 아울러 그가 어떤 '환경'(circumstance) 안에 있는가도 중요합니다. 좋은 삶이 지속되고 지탱될 수 있는 상황에 있을 때 기쁨은 가장 온전하게 누려질 수 있습니다. 그리고 기쁨은 좋은 성품과 환경의 감정적 '결과'(consequence)로 나타나는 것이라고 할 수 있겠습니다.

이처럼 좋은 삶의 3가지 축(성품, 환경, 결과)이 구축될 때 그 안에서 기쁨은 정당한 위치를 확보할 수 있습니다. 그러한 이유로 볼프는 결론적으로, 기쁨을 '좋은 삶 위에 씌워지는 왕관과 같다'(the crown of the good life)고 정리합니다. [8]

여기까지 잠시 미로슬라브 볼프의 기쁨에 대한 신학적 숙고에 대해서 살펴보았습니다. 한 가지 얻은 결과는, "기쁨"이라는 주제가 신학적 연구의 대상이 된 것이 흔한 경우가 아니더라도, 충분히 매력적이며 또 더 많은 연구가

필요한 신학적 주제라는 것입니다. 이런 의미에서 볼프의
공헌이 적지 않다고 할 수 있습니다.

◆ 루이스와 함께 풀어 가는 기쁨 담론

하지만 아쉽게도 볼프는 기쁨에 대한 그의 연구 속에 C. S.
루이스를 의미 있게 언급하지 않았습니다. 그 이유를 분명
하게 알 수는 없지만, 한 가지 가능성은 기쁨을 바라보는
관점에 있어 두 사람이 분명한 차이를 보인다는 것입니다.

　우선, 볼프가 시도하는 기쁨의 신학은 대체적으로 현세
적(this-worldly)이며 실행(praxis)적인 면에 강조점을 두고 있
다고 평가할 수 있습니다. 상대적으로 루이스의 기쁨 담론
은 하나님의 존재에 집중하고 있고 종말적(eschatological)이
라는 특징이 강하다고 표현하고 싶습니다. 아이러니하게
도, 전문 신학자가 아니었던 루이스의 기쁨 담론이 도리어
상당한 신학적 무게감을 지니고 있다고 인정할 수밖에 없
습니다.

루이스는 기쁨에 대해서, 우선 존재의 근원이신 삼위일체 하나님의 존재 방식 그 자체에서부터 설명을 합니다. 삼위일체적 하나님의 존재는 사랑이라고 표현할 수밖에 없습니다. 그분께로부터 기쁨이 마치 격렬한 에너지처럼 뿜어 나와 온 우주에 퍼져 나갑니다. 아울러 기쁨은 지금 우리가 살고 있는 이 세상과는 차원이 다른 초월적 세계에 근거합니다. 이 초월적 세계는 하나님의 창조와 구원의 목적이며, 그러므로 이것을 종말적 현실이라고 말할 수 있습니다.

루이스에게 현세는 그 자체로서 의미를 갖기보다는 다른 세계와의 관계에서 그 의미를 누립니다. 현세는 영원한 다른 세계의 그림자입니다. 우리는 현세를 위하여 지음 받은 자들이 아니라, 영원하고 영광스러운 다른 세계를 위하여 지음 받았고 또 준비되어 가고 있다고 그는 믿습니다.

이런 루이스의 종말적 경향을 현실에 대한 도피 성향으로 이해해서는 안 됩니다. 실제적으로 루이스는 자기가 살고 있던 시대적 문제들에 대해서 주저 없이 고민하고 분석하고 언급했습니다. 그는 그 시대의 현재적 경험에 대해서

민감하게 논평했습니다.

하지만 그의 답은 거의 균일하게 영구하고 보편적인, 변하지 않는 기독교의 진리에서 축출된 것이었습니다. 현세를 극복하고 헤쳐 나갈 수 있는 힘은 인간 스스로에게 잠재되어 있는 능력이나 힘에서 나오는 것이 아닙니다. 그것이 긍정의 힘이건, 시대의 아픔과 대면하는 용감한 이념이건 간에 거기에서 궁극적인 답을 찾아내려고 하지 않았습니다. 반면, 창조주 하나님의 거대한 구원 계획과 시스템 안에서 해답을 찾아내려고 한 것입니다.

볼프는 한 인터뷰에서 루이스의 기쁨 담론을 사회·정치적인 것(socio-political)이기보다는 개인적인 것(personal)이라고 평가했습니다. 비록 짤막한 언급이지만, 여기에 표현된 그의 생각은 루이스에 대한 편견과 오해에 근거한 것입니다.[9]

루이스의 기쁨 담론은 결코 개인적인 측면에 머무르지 않습니다. 분명 그것은 지극히 경험적이면서도 초월적인 강조점을 갖고 있습니다. 하지만 동시에 거대한 윤리적 의미를 담고 있습니다. 그 윤리의 중심에는 자아 중심성을 극복하고 끊임없이 타자를 향하여 나아가는 여정이 있고,

이 여정에서 발걸음을 움직이게 하는 동력은 '타자에 대한 풍미'(taste for the other)를 향유하는 것이고, 궁극적으로는 자아를 떠나 진정한 타자이신 하나님을 향하여 나아가는 것입니다. 이 하나님을 향한 여정을 예배라고 말할 수 있고, 이 예배의 중심에서 터져 나오는 것이 바로 기쁨이고 희열입니다.

앞으로 전개될 내용은 바로 루이스의 기쁨 담론입니다. 이 기쁨 담론은 루이스의 한 권의 저서에 집중되어 있기보다는 그의 여러 글에 흩어져 있습니다. 아무쪼록 이 담론이 흩어진 파편들로 머무는 것이 아니라, 루이스와 함께 풀어 보는 기쁨의 신학으로 조각들이 맞춰져 아름다운 모자이크로 전개되어 나갔으면 합니다.

그리고 기대하기는, 이것이 단순히 지적인 관심을 만족시키는 작업이 아니라, 아주 실제적이며 현실적인 문제를 풀어 나가는 시도가 되기를 바랍니다. 건전한 신학을 통해서 암울하고 갑갑한 이 시대의 현실을 극복해 나갈 뿐 아니라 타락 이후 인간이 겪고 있는 본질적인 어두움을 헤쳐 나가고, 하나님 나라의 복음을 좀 더 경험적으로 이해할 수 있게 되기를 바랍니다.

　나아가 루이스의 기쁨 담론을 통하여 전인적으로 하나
님을 사랑하고 이웃을 사랑하는 기독교의 윤리가 행복하
게 실천되는 동력을 얻기 바랍니다. 아울러 장차 누리게
될 영광의 무게를 짊어질 수 있도록 오늘도 우리의 인격과
믿음을 빚어 가시는 창조주의 손에 우리 자신을 기쁘게 올
려 드리는 용기를 얻게 되기를 원합니다.

1. '히도닉스'란 무엇인가?

· '즐거움에 대한 연구', 즉 '기쁨 담론'이다.

· '기쁨'이라는 직관의 경험을 논리로 연구하려는 시도다.

· 기쁨의 의미를 알게 되면 존재의 근원과 목적까지 추적할 수 있다.

2. 기쁨 담론의 시작

· 보편적 경험 : 삶의 다른 공간에서부터 일상 속으로 파고드는 기쁨의 초대를 받아들여야 한다. 기쁨의 순간들은 우주의 중심과 연결되는 위대한 사건이다.

· 성경적 근거 : "기쁨"은 성경을 관통하는 대표적인 주제다.

3. 기쁨에 대한 볼프의 신학적 숙고

· 좋은 삶과 질적 풍요로움을 누리는 삶은 어떤 삶인가?

첫째, 가치 있는 삶을 살아 내는 것(공의)

둘째, 이런 삶이 지속될 수 있는 상황을 누리는 것(평강)

셋째, 그 결과로 찾아오는 감정적 충족(기쁨)

⇒ 기쁨을 좋은 삶과 풍요로움의 중대한 결과물로 보았다.

· 기쁨은 좋은 성품과 환경의 감정적 결과로 나타나는 것이다.

· 기쁨은 윤리적인 측면이 있고, 개인의 자유로운 반응에 따라야 하며, 우리 안에 동기를 유발하는 힘이 있다. 기쁨이 가장 극대화 되는 자리는 공동체.

4. 루이스의 기쁨 담론의 특징

· 존재의 근원이신 삼위일체 하나님께 집중하고 종말적인 특징이
  강하다.

· 지극히 경험적이면서도 초월적이며 동시에 윤리적 의미를 담고
  있다.

· 그 윤리의 중심에는 타자를 향하여 나아가는 여정이 있다. 그 동
  력은 '타자에 대한 풍미'를 '향유'하는 것이고, 궁극적으로는 진정
  한 타자이신 하나님을 향하여 나아가는 것이다. 하나님을 향한
  여정이 예배이고, 예배의 중심에서 터져 나오는 것이 기쁨이고
  희열이다.

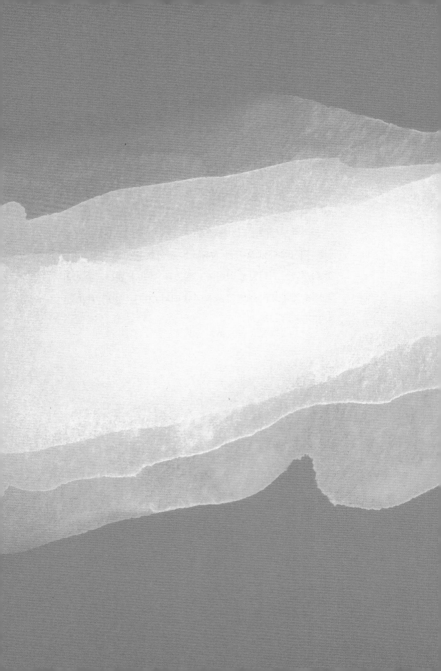

✦
✦

2장

천국(Heaven) 1

기쁨은 어디에서 오는가

앞서 살펴보았듯이, 루이스의 기쁨 담론의 특징은 '종말적'입니다. 언뜻 들었을 때 어렵게 느껴진다면, 이는 루이스가 즐겨 언급하는 영어 단어인 'Heaven'에 대한 것이라고 말하고 싶습니다. 일반적으로 '천국'이라고 번역되는 이 단어는 '사람이 죽으면 그 영혼이 가는 곳'이라고 생각하는 경우가 많지만, 신학적 의미는 훨씬 더 깊고 풍성합니다.

루이스가 이해하는 천국은 하나님이 인간을 창조하시기도 전에 우리를 위해 계획하시고 준비하시고 이루어 내신 우주의 궁극적 완성입니다. 예수 그리스도가 오신 이후에 천국은 미래의 시간대에 머물러 있지 않고 현재 속으로 들어왔습니다. 예수 그리스도의 성육신 사건은 현세와 역사 속으로 들어온 천국, 즉 종말의 침투이고, 그분의 부활은 종말적 완성의 첫 열매입니다. 루이스는 이것을 지금 우리가 보편적으로 겪고 있는 '옛 자연'(old nature)과 비교되는 '새로운 자연'(New Nature)이라고 부릅니다.

복음서에는 '하나님 나라'와 '천국'이 동일한 의미로 번갈아 가며 자유롭게 등장합니다. 일반적으로 마태복음은 '천국'을, 누가복음은 '하나님 나라'를 좀 더 선호하는 경향이 보이는 것은 사실입니다. 하지만 의미는 동일하다고 봐야 합니다.

'종말적'이라는 신학적 용어는 하나님 나라에 속한 모든 내용을 통합해서 일컫는 말입니다. 바울 서신을 통하여 분명하게 드러난 종말적 현실은 '이미 이루어진 것'과 '아직 완성되지 않은 것'으로 구성되어 있습니다. 이것을 '이미-아직도'(already-but-not yet)의 구조로 표현하는 것이 보편적입니다.

예수 그리스도의 오심으로 이미 천국은 이 땅에 임했

고 확산되어 나가고 있습니다. 그러나 주님의 다시 오심 (Parousia, 파루지아)까지 이 땅에 임한 천국은 완성된 모습이 아닙니다. 그래서 제자들은 주님이 가르쳐 주신 기도를 따라, "주님의 나라가 임하소서"라고 기도합니다.

기도의 구체적인 내용은 "[주님의] 뜻이 하늘에서 이루어진 것같이 땅에서도 이루어지이다"(마 6:10)입니다. 여기에서 '하늘'은 이미 하나님의 뜻이 온전히 이루어진 종말의 현장(eschatological arena)입니다. 여기에 하나님의 보좌가 있다고 표현하고, 히브리서는 그 현장을 '하늘 성전'이라고 부릅니다. 한때 이스라엘 공동체에게 주어졌던 성막이나 성전은 하늘 성전의 모형일 뿐입니다.

오늘날 교회의 공동체 예배는 현세 속의 시간과 공간 안에서 이루어지지만, 영적인 현실은 믿음 안에서 예배 공동체가 하늘 성전의 예배에 참여하는 것이라고 설명할 수 있습니다. "너희가 이른 곳은 시온산과 살아 계신 하나님의 도성인 하늘의 예루살렘"(히 12:22)이라는 말씀이 이러한 의미를 담고 있습니다.

◆ 루이스의 종말적 신앙과 윤리관

루이스는 'Heaven'이란 단어를 무척 자주 사용합니다. 루이스에게 천국은 현세와 구분되지만 영향을 주고 있는 또 다른 세계이며, 우리는 궁극적으로 이 다른 세계를 위하여 창조된 자들입니다. 루이스에게 천국은 단순히 미래의 영역이 아닙니다. 구원받은 자들에게 이 세상의 모든 삶 자체는 이미 천국에 속한 것이며,[1] 천국 지향적입니다.

그러므로 기쁨 담론을 천국에서부터 시작하는 것은 지극히 루이스적이며 당연한 일입니다. 만일 천국을 사후의 상태로 국한시킨다면, 천국은 마지막 고려 대상이 될 수밖에 없습니다. 우선은 이 땅에서 우리가 누릴 수 있는 것들을 다 누린 이후에, 더 이상 누릴 수 없을 때 차선으로 등장하는 것이 천국이 됩니다.

일반적으로 '교의학'(Dogmatics)이라고 부르는 기독교 교리를 집대성해 놓은 책들을 보면, 천국은 마지막 때에 관한 것이고, 그러므로 말 그대로 종말론은 책의 마지막 부분에 나옵니다. 이런 책들의 목차를 보면 일반적으로 '계시론', '신론', '기독론', '구원론', '교회론', '종말론' 순입니다. 그런데 루이스의 기쁨 담론을 이해하기 위해서는 이러한 일반적인 생각을 뒤집어야 합니다.

루이스에 앞서 종말론에 대한 일반적 편견을 뒤집어 놓은 대표적인 신학자는 게할더스 보스(Geerhardus Vos)입니다. 그는 20세기 초반에 미국 프린스턴 신학교에서 가르쳤던 성경신학자인데, 바울의 신학을 구원론보다는 종말론의 관점에서 풀어냈고, 종말론이 끝이 아니라 바울 신학의 출발점이라고 주장했습니다. 그의 주장은 바울 신학계에 상당한 파장을 일으켰습니다.[2]

보스의 주장에 의하면, 바울의 신학 전체는 종말론적 색채를 띠며, 결국 구원이란 우리를 종말적 삶으로 초청하는 것입니다. 첫 창조 세계도 궁극적으로 그리스도에 의해, 그리스도를 위해 존재하는 그리스도의 것이지만, 더욱이 새 창조(New Creation)의 중심에는 부활하신 그분이 계십니다. 그리고 그리스도 안에서 새로운 세계 질서, 즉 새 창조의 질서가 확립되는 것입니다. 그러므로 그리스도 안에 있는 자들은 이미 새로운 피조물, 즉 종말적 존재가 되었다고 바울은 주장합니다(고후 5:17).

새로운 피조물이 된 자들은 더 이상 육신의 눈을 통하여 세상을 보지 않고, 부활하신 그리스도의 눈으로 세상을 보는 법을 배워 나갑니다. 그러므로 모든 것이 달라 보일 수밖에 없습니다. 이것은 환상이나 꿈이 아니라, 이미 역사 속에 부활이라는 종말적 사건을 통하여 새로운 시대를 열어 주신 그리스도가 이루신 일입니다. 그리고 이것이 우리가 맞이한 영적 현실입니다. 여기서부터 종말적 신앙과 윤리관이 흘러나옵니다.

루이스의 글 속에 보스와 같은 신학적 구조가 총체적으로 등장하는 것은 아닙니다. 그러나 그에게 같은 맥락의 통찰력이 있었음은 부인할 수 없습니다. 대표적으로《천국과 지옥의 이혼》(홍성사, 2019)에서 루이스는 천국과 지옥이 소급적(retrospective)으로 적용된다는 것을 언급합니다. 사실 이 요점은 이 작품을 잘 이해하고 또 적용할 수 있는 중요한 열쇠입니다.

루이스가 주장하는 것은 '미래의 천국을 누리게 되는 자들에게는 이 땅의 삶 전체도 천국이 된다'는 것입니다. 어떤 이들이 현세의 고난이 너무 극심해 미래의 어떤 것도 보상이 될 수 없다고 한다면, 이것은 천국에 대한 이해 부족에서 온 생각이라고 말합니다. 천국을 얻은 자에게 천국의 현실은 소급적으로 역사하기 때문에 가장 극심한 고난도 영광으로 바뀝니다.

반면, 지옥의 저주에 들어간 자들에게는 과거의 모든 삶 역시 지옥입니다. 어떤 자들은 지금 잘못된 쾌락에 빠져 살면서 이렇게 외칩니다. "내가 앞으로 어떠한 비참한 결과를 만난다 하더라도 지금 이 순간 이 쾌락만은 포기할 수 없어!" 그러나 그가 알지 못하는 것은 스스로 예상한 '그 비참한 결과'의 소급적 성격입니다. '영원한 저주'(damnation)라는 비참한 결과는 단순히 미래적인 것만이 아니라, 소급적으로 적용되어 현세 속에서 이미 그 쾌락을 저주로 오염시키고 근심으로 채워 버립니다.

그러므로 천국과 지옥의 이혼과 분리는 죽음 이후에 벌어지는 사건이 아니라, 현세의 삶 속에서 이미 점차적으로 진행되고 있는 현실입니다.

루이스는 현세 속으로 소급되어 들어오는 지옥의 특징

을 '마음의 상태'(a state of mind)라고 설명합니다. 마음의 부패성을 가장 분명하게 보여 주는 것은 끊임없이 드러나는 자기중심성입니다. 이 상태는 지속적으로 자라 가며, 결국 그는 '자아'(self)라는 감옥에 완전히 갇혀 버리게 되는데, 그것이 바로 지옥의 실태입니다.

루이스는 지옥의 구심적 에너지에 대해서 상상력을 펼쳐 보았습니다. 결국은 블랙홀처럼 안으로 빨려 들어간 지옥은 결국 눈에 보이지 않을 정도로 미비한 실체가 되어 버리지 않을까 상상했습니다. 이것은 지옥의 실체를 의심하려고 한 것은 아닙니다. 루이스에게 지옥은 논리적으로 반드시 존재해야만 하는 현실입니다. 왜냐하면 하나님과 그분의 사랑을 끝까지 거부하는 자들에게 억지로 천국을 떠안길 수는 없기 때문입니다. 그래서 루이스는 지옥에 대한 아주 유명한 말들을 남겼습니다.

지옥의 문은 안에서부터 잠겨 있습니다.[3]

끝내 이 세상에는 두 종류의 사람들만이 남습니다. 한 종류는 하나님을 향하여 "당신의 뜻이 이루어지이다" 하는 자들

과 다른 종류는 하나님이 결국 그들을 향하여 "당신의 뜻이

이루어지이다" 하시는 자들입니다. 지옥에 들어간 모든 자는

스스로 선택한 것입니다.[4]

자기의 뜻대로 자기 집착의 극단까지 치닫는 결과는 바

로 지옥입니다. 그러므로 지옥은 실재입니다.

그러나 천국의 구체성에 비해서 지옥은 한없이 미비한

실체일 것이라는 추측입니다. 지옥을 채우고 있는 모든 고

독, 분노, 미움, 시기를 다 합쳐 놓는다 할지라도 천국에서

가장 작은 자가 느끼는 작은 한순간의 기쁨에도 비교할 가

치가 없습니다. 거대한 태평양의 바다와 물의 분자 하나가

비교될 수 없음과 같습니다.[5]

◆ 가장 견고하고 구체적인 실재인 천국

천국은 가장 풍성한 실체입니다. 가장 견고하고 가장 구체적

입니다. 루이스는 심지어 현세 속에 우리가 만나는 모든 견

고한 실체는 궁극적으로 천국에 속한 것이라고 말합니다.

> 천국은 실재 그 자체다. 충실하게 존재하는 모든 실재는 천
> 국에 속한 것이다.[6]

천국은 한없이 거대하고 풍요롭습니다. 천국은 가장 실재적이고, 가장 확실하고, 가장 단단합니다. 루이스가 상상한 천국의 존재들은 다이아몬드보다 더 견고합니다. 천국에 속한 사람들은 '단단한 사람들'(solid people)이라고 불립니다.

이 세상에 흔들어 떨어질 것이 다 떨어진 이후에도 절대로 흔들리지 않는 것이 남게 되는데, 그것은 바로 천국입니다. 천국은 미래에 속한 상상 정도가 아니고, 가장 확실한 실재입니다. 그리고 천국은 가장 실재적이고 구체적인 현실이기 때문에, 현세 속에 소급적으로 임하는 천국은 단순히 마음의 상태가 아닙니다. 천국과 관계된 모든 것은 가장 견고하고 실재적이고 영구적입니다.

루이스는 철저하게 우리의 생각을 뒤집어 놓으려고 합

니다. 일반적으로 생각할 때 현세는 너무 구체적이고 사실적인 반면, 종말 또는 내세는 몽환적이고 비현실적입니다. 이것은 물질세계와 비교되는 영적 세계에 대한 선입관이기도 합니다. 그러나 루이스에게는 물질세계보다 영적 세계가 훨씬 더 무겁고 단단하고 구체적입니다.

루이스가 《천국과 지옥의 이혼》에서 그린 천국의 놀라운 모습은 그 환경이 너무도 실재적이어서 지옥에서 온 희미한 영혼들은 그 단단함과 견고함을 견뎌 내기가 버겁습니다. 천국을 경험하기 위해서는 그 환경의 견고함만큼 그곳에 거하는 존재도 반드시 견고해지는 경험을 해야 합니다. 구약성경에 등장하는 '거룩함' 또는 '영광'이라는 단어에 '무거움'의 의미가 포함되어 있는 것과 맥락을 같이 합니다.

루이스가 생각할 때 그리스도의 부활하신 몸은 이런 천국의 성격을 지닙니다. 그리스도의 부활하신 몸은 영적인 몸입니다. 그러나 여기서 '영적'이라는 말을 기체나 연기같이 실체가 없다는 의미로 이해해서는 안 됩니다. 주님이 지니신 몸은 '새로운 자연'에 속한 것이라 부를 수 있는

데, 이것은 현재 우리가 경험하는 자연과 비교할 수 없을 만큼 견고합니다.

그리스도가 부활 이후 승천하시기까지 이 세상은 아주 신기한 상황을 경험했습니다. 새로운 자연이 옛 자연 속에 나타난 것입니다. 주님은 제자들과 동일하게 먹고 마시기도 하셨지만, 동시에 쉽게 이해할 수 없는 일도 하셨습니다. 닫혀 있는 방 안에 갑자기 나타나시거나 갑자기 사라지시는 경우를 예로 들 수 있습니다. 부활하신 그리스도는 현 자연 세계 속에 존재하는 시간과 공간의 제한을 받지 않으신 것 같습니다. 그러면서도 그 안에 계셨습니다. 분명히 그리스도는 구체적이며 만질 수 있는 몸으로 부활하셨습니다.

이 맥락에서 상상할 수 있는 것은 새로운 자연에 속한 몸이 옛 자연의 실체보다 얼마나 견고한지, 마치 고체가 물을 가르고 지나가듯 부활하신 그리스도의 영적 몸을 이 세상의 그 무엇도 막을 수 없었을 것이라는 점입니다.[7]

사도 바울은 "우리가 잠시 받는 환난의 경한 것이 지극히 크고 영원한 영광의 중한 것을 우리에게 이루게 함이니"(고후 4:17)라고 말했습니다. 현재의 환난들은 '잠시' 지나가는 것입니다. 그리고 그 고통의 경험은 아주 가벼운 것이라고 바울은 증거했습니다.

바울은 같은 서신에서 자신이 사형선고를 받았다고 느낄 만큼 힘겨운 순간들을 경험했다고 고백했습니다. 현세에서 당할 수 있는 고난이 가볍지 않다는 사실을 아는 사람이 있다면, 그는 바로 바울일 것입니다. 그럼에도 그는 지금 받는 고난은 '경하다'고 선언했습니다. 그 이유는 단 하나입니다. '지극히 크고 영원한 영광'이 그 비교의 대상이기 때문입니다.

바울이 이해하는 종말적 영광은 영원합니다. 그리고 지극히 무겁습니다. 지금의 임시적 환난은 어떤 목적을 갖습니까? 바로 우리가 누려야 하는 영광의 무게를 위해 준비시키는 것입니다. 루이스에게 현세는 '그림자의 땅'(shadowlands)이고, 종말적 현실이 실재이고 본질입니다. 그렇다면 모든 실재는 천국을 근거로 하고 있습니다. 천국에서부터 흘러 들어오는 것만이 실재이고 영원한 가치를 지닙니다.

현세 속에서 우리가 귀하고 아름답고 기쁜 경험을 만난

다면, 그것은 현세 자체에 대한 증거가 아닙니다. 그래서 현세에 안주하고자 하는 것은 어리석은 일입니다. 현세 속에서 느끼는 그 아름다움의 경험은 천국에서 떨어진 작은 물방울에 불과합니다. 지금 우리가 경험하는 것은 제아무리 좋은 것이라도 겨우 한두 방울 떨어진 것과 같습니다. 그럼에도 사람들은 물방울 하나에 목을 매는 경우가 많습니다. 그러나 언젠가 우리는 폭포수처럼 쏟아져 내리는 천국의 현실을 만나게 될 것입니다.

사람들이 천국에 대해서 관심을 갖지 않고 사는 것 같지만, 그것은 진정 천국을 원하지도, 사모하지도 않기 때문이 아닙니다. 루이스가 깨달은 것은 사람들이 천국을 사모하지 않는 것 정도가 아니라, 사실 그들은 마음의 중심으로부터 천국이 아닌 그 어떤 것도 사모해 본 적이 없다는 것입니다. 그들이 그 사실을 깨닫지 못하고 있다 할지라도 여전히 그렇습니다.

이 세상에 우리가 진정 좋아하는 것이 있다면, 그것이 천국을 닮았기 때문입니다. 기쁨의 근원은 천국입니다.

1. '종말적' 특징

· 기쁨 담론에서 '종말적' 특징이란 루이스가 즐겨 언급하는 'Heaven'(천국)에 관한 것이다.

· 바울 서신에서 드러난 종말적 현실은 '이미 이루어진 것'과 '아직 완성되지 않은 것'의 구조다.

2. 루이스가 이해하는 천국

· 하나님이 인간을 창조하시기도 전에 우리를 위해 계획하시고 준비하시고 이루어 내신 우주의 궁극적 완성이다.

· 예수 그리스도가 오신 이후에 천국은 현재 속으로 들어왔다. 루이스는 이를 '옛 자연'과 비교해 '새로운 자연'이라고 부른다.

· 루이스에게 천국은 현세와 구분되지만 영향을 주고 있는 또 다른 세계이며, 구원받은 자들에게 이 세상의 모든 삶 자체는 이미 천국에 속한 것이다.

3. 루이스의 종말론

· 천국의 소급 적용 : 《천국과 지옥의 이혼》에서 천국과 지옥이 소급적으로 적용된다는 것을 언급한다. '미래의 천국을 누리게 되는 자들에게는 이 땅의 삶 전체도 천국이 된다'는 주장이다. 따라서 가장 극심한 고난도 영광으로 바뀐다.

· 천국은 가장 확실하고 분명한 실재 : 물질세계보다 영적 세계가

훨씬 더 무겁고 단단하고 구체적이다.

· 현세는 천국의 그림자 : 종말적 현실이 실재이고 본질이라면 현세는 '그림자의 땅'이다. 현세 속에서 느끼는 아름다움의 경험은 천국에서 떨어진 작은 물방울에 불과하다.

· 기쁨의 근원인 천국 : 이 세상에 우리가 진정 좋아하는 것이 있다면, 그것이 천국을 닮았기 때문이다. 기쁨의 근원은 천국이다.

3장

천국(Heaven) 2

나를 위해 예비된 천국의 기쁨

루이스의 천국론은 내용이 풍성합니다. 그래서 좀 더 대화를 펼쳐 나가야 합니다. 루이스는 본향에 대한 갈망, 그리고 천국의 기쁨이 현세 속에 물방울처럼 떨어지는 현실은 인류 보편적인 경험이라고 강조합니다. 그런데 이 보편성이 '천국의 기쁨은 모두가 동일하게 경험하는 거대한 하나의 기쁨 덩어리'라고 말하려는 것은 아닙니다. 천국으로부터 오는 기쁨, 그리고 천국에서 누릴 위대한 기쁨은 우리에게 어떤 모습으로 찾아오는 것일까요?

◆ 각 사람이 지닌 독특한 끌림

루이스는 천국의 기쁨은 지극히 개별적이고 각자에게 특별한 모습으로 온다는 흥미로운 주장을 합니다.

루이스는 그의 저서 《고통의 문제》에서 마지막 장을 천국에 대한 변증으로 채웁니다. 고통을 다루는 책에 천국에 대한 진술이 빠진다면, 그것은 궁극적인 위안을 줄 수 없다고 생각한 결과입니다. 당연히 기독교적 관점에서 약속된 하늘의 영광을 통해서만 고통의 문제에 대한 결정적인 답을 찾을 수 있습니다.

이 장에서 루이스는 천국에 대한 풍성한 논리를 전개해 나갑니다. 그중 가장 독특하고 흥미로운 루이스의 주장은 천국의 기쁨은 각자를 위한 '맞춤형'이라는 것입니다. 이 주장의 출발점은 현재의 경험 속에 각 사람이 지니고 있는 개별적이고 비밀스러운 독특한 끌림(attraction)에 대한 발견입니다.

우리는 우리의 현재적 경험 속에서, 자신의 개별적인 기쁨과 다른 사람의 기쁨은 동일하지 않다는 것을 느끼는 경우가 적지 않습니다. 예를 들면, 독서를 좋아하는 사람들을 보면 개별적으로 끌리는 종류의 책들이 있습니다. 독서의 기쁨을 누구보다 잘 알고 있던 루이스는 자신의 마음을 마력같이 끌어 주는 책들은 마치 하나의 비밀스러운 끈으로 묶여 있는 듯하다고 설명했습니다. 그런데 그의 가까운 친구라도 동일한 끌림을 경험하지 못했고, 그 비밀스러운 끈의 정체에 대해서 전혀 감이 없었습니다.

또 다른 예는 자연의 아름다움이 주는 느낌에 대해서입니다. 어떤 경관 앞에 서 있는데, 문득 내가 평생 찾고 있었던 그 무엇을 만난 것 같은 경이로움과 희열이 마음을 채우는 경우가 있습니다. 그런데 내 옆에 서서 같은 경관을 보고 있는 동료는 나의 이런 강렬한 느낌을 동일하게 느끼지 못합니다. 잘 생각해 보면, 자신이 반복적으로 찾는 개인적인 취미생활 속에도 이처럼 숨겨져 있는 비밀스러운 나만의 끌림이 있는지 모릅니다.

사실 루이스가 말하는 끌림은 온갖 잡다한 종류의 매력을 말하지 않습니다. 그가 가리키려는 것은 온갖 매력과 그에 대한 나의 열정이 지나간 후에도 여전히 내 속에 남아 있는 영혼의 깊은 끌림입니다.

그런데 이 끌림은 인생 전반에 걸쳐 나의 깊은 갈망으로 존재할 뿐, 이 세상에서 온전히 충족되지는 않습니다. 내 귀에 어떤 소리가 들리는 것 같은데, 잘 들으려고 집중하면 할수록 메아리처럼 멀어져 가는 듯한 느낌입니다. 그러나 언젠가 이 소리가 또렷하게 들리는 날이 올 것이고, 그때는 반드시 그 소리가 무엇이었는지를 알아차리게 될 것입니다. "바로 이것이었어!", "드디어 내 존재의 목적 그 자체를 만났구나!"[1] 하고 말입니다.

루이스는 우리에게 주어진 갈망은 우리 각자의 영혼에 찍혀 있는 비밀스러운 인장 같은 것이라고 생각합니다. 그러므로 그 충족 역시 나만 누릴 수 있는 비밀스러운 행복입니다. 이 갈망은 내가 사랑하는 배우자를 만나기 전, 내 최고의 친구를 만나기 전, 내가 꼭 원하던 직장을 만나기 전에 이미 내 영혼에 지니고 있던 갈망입니다.

살다 보면 느끼는 것이지만, 이 갈망은 배우자도, 친구도, 직업도 온전히 충족시켜 주지 못합니다. 심지어는 내가 죽는 그 순간, 더 이상 나의 배우자와 친구와 직업이 함께할 수 없는 그때도 여전히 갈망은 우리 속에 남아 있을 것입니다. 우리가 존재하는 이상, 이 갈망은 우리 속에 있습니다.

만일 누구에겐가 이 갈망을 상실하는 순간이 온다면, 그때는 그가 모든 것을 상실하는 가장 비극적인 순간이 되는 것입니다. 이것은 한 사람의 인격이 완전히 말살되는 지옥에서나 일어날 일입니다.

하나님은 모든 영혼이 각기 독특함을 지니도록 만드셨습니다. 루이스가 추측하기로는, 만일 하나님의 뜻이 그렇지 않았다면 이 세상에 하나 이상의 영혼을 만드실 필요가 없었을 것입니다. 하나님은 그분의 뜻대로 각기 다른 영혼들을 만드셨고, 또 모든 영혼을 독특한 자들로 대해 주십니다. 우리 개인의 독특함과 내면적 섬세한 구조들은 하나님께는 절대로 비밀이 아닙니다. 우리 스스로도 자신에 대해서 아직 파악하지 못한 부분이 많습니다. 그러나 언젠가 우리도 자신을 파악할 수 있는 날이 올 것입니다.

우리 각자의 영혼의 모양은 서로 다릅니다. 각양의 문을 열 수 있는 다른 모양의 열쇠가 존재하듯이, 개별적 영혼은 하나님만이 채우실 수 있는 고유한 빈 공간을 지니고 있습니다. 그 공간에 맞는 유일한 열쇠는 하나님이십니다. 그리고 하나님은 무한하신 분이기 때문에 수없이 많은 다른 영혼을 위한 수많은 다른 열쇠가 되어 주십니다.

하나님이 구원하시는 대상은 불특정한 다수의 인류가 아니고, 바로 나와 너 같은 개별자들입니다. 은총을 받은 피조물로서 창조주의 영광을 바라볼 눈은 다른 눈이 아니라 바로 나의 눈입니다. 나를 만드시고 나를 위하여 영원한 기쁨을 예비하신 하나님이 나를 온전히 만족시켜 주시는 것은 바로 우리 각자가 누릴 복된 운명입니다.

◆ 천국의 품격

천국에서 나의 자리는 오직 나만을 위해 만들어진 것처럼 느껴질 것입니다. 사랑하는 사람이 끊임없이 나를 생각하며 나만을 위하여 만들어 준 장갑을 손에 끼워 보는 느낌처럼, 조금의 오차도 없이 나를 위하여 예비된 꼭 맞는 기뺌을 만나게 될 것입니다. 루이스가 상상해 본 천국의 기쁨은 이런 것입니다.

루이스는 "이기는 자에게는 내가 새 이름을 주겠다"라는 주님의 약속을(계 2:17), 오직 하나님과 나만 아는 새 이름이 있다고 해석합니다. 다시 말하면, 나만 알고 있는 하나님과의 만남에서부터 생성된 나의 이야기가 있다는 것입니다. 그렇다면 그 이야기 속에는 그 누구보다 내가 더 잘알고 있는 하나님의 면모가 있을 것입니다. 그리고 그분의 아름다우심을 영원토록 찬양할 수 있는 사람 역시 나일 것입니다.

하나님의 창조와 개별적 섭리와 각자의 자리에서 토닥거려 주시는 주님의 인자하심을 통해 우리는 동일하신 하나님을 각기 다른 모습으로 경험하게 됩니다. 서로를 비교하며 정답을 구하는 것은 의미가 없습니다. 하나님의 사랑을 경험한 모든 사람이 받은 각기 다른 은혜의 표현들이 다 정답입니다.

만일 모두가 하나님의 사랑을 오직 동일하게 경험했고, 그러므로 동일한 말과 표현으로밖에는 예배할 수 없다면,

종말적 교회의 노래는 심포니가 될 수 없습니다. 거대한 오케스트라가 다양한 악기들을 들고 소집되었는데 모두 동일한 음만 연주하고 있다면 얼마나 옳지 않은 일입니까.

천국은 하나님의 도성입니다. 여러 지체를 지닌 몸이며, 다양한 구성원들이 모인 사회입니다. 그 안에서 성도들은 각기 다른 이야기를 소유하고 있고, 그 이야기를 서로 나누며 각자에게 자기의 이야기를 주신 유일하신 하나님을 찬송할 것입니다. "'나의 하나님'이 나에게 이렇게 하셨어!"라는 간증들이 모이고 모여서 '우리의 하나님'에 대한 심포니로 울려 퍼질 것입니다. 루이스가 그의 거룩한 상상력을 통하여 우리에게 진술해 준 천국의 모습은 가슴 벅차고 짜릿한 기쁨의 도가니입니다.

이처럼 천국이라는 위대한 운명(destiny)이 우리에게 주어져 있습니다. 그리고 이 천국은 미래에 머무는 것이 아니라, 지금 우리의 삶에 영향을 미치고 있습니다. 그 영향은 두 가지로 옵니다.

첫째, 앞서 언급한 것처럼 천국은 소급적으로 역사하고 있습니다. 즉 천국을 미래에 소유하게 될 사람은 이미 소급적 역동을 통하여 오늘의 삶이 천국과 연결되어 있습니다. 신학적 용어를 사용한다면, 우리의 현재적 삶은 '천국의 그림자'라 할 수 있습니다. 천국에 속한 사람은 매일 천국의 그늘 아래 살아간다고 말할 수 있습니다.

둘째, 천국의 주인이 되시는 하나님이 각자의 영혼 속에 찍어 놓으신 인장이 있습니다. 우리에게는 하나님의 인장이 찍혀 있고, 이 인장을 통해 이미 우리는 하나님과 연결되어 있습니다. 이 인장은 이미 우리 안에서 천국의 품격으로 역사합니다. 그래서 우리 안에는 참을 수 없는 내적 갈망이 존재하고, 그 갈망의 대상은 물론 천국과 천국의 주인이신 하나님이십니다.

천국의 품격에 속하는 가장 또렷한 경험을 기쁨이라고 할 수 있습니다. 그래서 우리가 경험하는 기쁨은 그 근원이 천국에 있습니다. 만일 이 사실을 인식한다면, 비록 현재적 기쁨은 부분적이고 지속적으로 머물러 있지 않더라도 여전히 그 초월적 의미를 간직하며 살아갈 수 있습니다.

지금의 불완전한 상황을 이상하게 여기지 않고, 또 그럼에도 주어진 기쁨을 천국에서 내려온 선물로 받아들이는 것이 지혜로운 모습입니다. 아울러 이 기쁨에 대해서 깊은 관심을 갖고, 이 기쁨을 천국에 속한 덕망으로 부양해 나가는 것 역시 소중한 일입니다. 이런 사람을 '천국 지향적인 사람'이라고 부를 수 있을 것입니다.

사도 바울이 "주 안에서 항상 기뻐하라"(빌 4:4)라고 명령할 수 있었던 이유가 여기에 있습니다. 그리스도 안에 있는 사람은 그리스도와 함께 종말적 관점, 즉 천국이라는 성취의 관점에서 지금의 세상을 바라볼 수 있는 영적인 눈을 지닌 사람이기 때문입니다.

◆ 기쁨은 천국의 가장 중대한 업무

루이스는 《개인 기도》(홍성사, 2019)의 17번째 편지에서 천국에 대한 귀중한 묵상을 나눕니다. 현세의 중대한 업무에 빠져서 열심히 살아가는 사람은 기뻐할 틈이 별로 없습니다. 이 세상에서 중요한 업무는 각자의 생존을 위하여 열심히 일하는 것이고, 사람들 간에 무한한 경쟁을 하는 것입니다.

인생을 집중력 없이 살다가는 큰 낭패를 봅니다. 성공할 기회를 놓치고, 누군가 나를 제치고 뛰어나와 추월해 버린다면 나는 위기를 맞이할 수 있습니다. 그래서 잠시라도 마음을 놓을 수가 없습니다. 이렇게 살아가는 사람들에게 기쁨은 기껏해 봐야 일상을 벗어나 잠시 얻는 휴식 정도입니다. 파티는 잠시뿐, 빨리 정신을 차리고 심각한 삶의 현장에 뛰어들어야 합니다.

반면, 기쁨은 천국에서 가장 중대한 업무입니다.[2] 천국에서는 가장 심각한 일이 기쁨이고, 기뻐하는 일이 가장 중요한 업무입니다. 이 기쁨에는 참여가 있을 뿐 경쟁은 없습니다. 기쁨을 남보다 더 가지려고 하는 것은 헛된 일입니다. 어차피 기쁨의 바다에서 누구든 마음껏 기쁨을 누릴 여지가 충분하기 때문입니다. 나를 위해 예비된 기쁨은 나밖에는 누릴 수 없습니다. 기회를 놓치는 일도 없습니다. 영원 속에 기회라는 것은 단순히 끊어지거나 중단되지 않는 매 순간이라는 의미뿐입니다. 천국에서의 현재(now)

는 끊임없이 주어지는 기회입니다.

그런데 천국이 결론이고 그것이 우리 존재의 궁극적인 목적이라면, 당연히 우리는 지금도 천국의 품격을 추구하고 갈망해야 합니다. 그러나 이 세상은 모든 것이 뒤집혀 있습니다. 일시적인 것이 가장 중요하고, 영원한 것은 관심의 대상에서 멀어져 있습니다.

이 세상에서 영원한 것을 따라가는 사람은 현세적 삶에서는 지각할 가능성이 높아집니다. 안타깝지만, 이것이 현실인 듯합니다. 그런데 천국에 속한 사람들은 이 세상에서도 기쁨을 배양해야 합니다. 이것이 우리가 기쁨 담론에 관심을 가져야 하는 충분한 이유입니다.

1. 보편적이면서 개별적인 천국의 기쁨

· 본향에 대한 갈망, 천국의 기쁨이 현세 속에 물방울처럼 떨어지는 현실은 인류 보편적인 경험이다.

· 그러나 각 사람에게 있는 개별적이고 독특한 '끌림'을 볼 때 천국의 기쁨은 각자를 위한 '맞춤형'이다.

2. 영혼의 깊은 끌림

· 영혼의 끌림은 갈망으로 존재할 뿐 이 세상에서 온전히 충족되지 않는다.

· 갈망은 각자의 영혼에 찍힌 하나님의 비밀스러운 인장 같은 것이므로 그 충족 역시 나만 누릴 수 있는 비밀스러운 행복이다.

· 개별적 영혼은 하나님만이 채우실 수 있는 고유한 빈 공간을 지니고 있다. 그 공간에 맞는 유일한 열쇠는 하나님이시다.

· 하나님이 구원하시는 대상은 개별자들이다. 천국에서 나의 자리는 나를 위하여 예비되어, 나에게 꼭 맞는 기쁨을 만나게 될 것이다.

3. 거룩한 상상력으로 본 천국의 모습

· 루이스는 "이기는 자에게는 내가 새 이름을 주겠다"라는 주님의 약속을(계 2:17), 오직 하나님과 나만 아는 새 이름이 있다고 해석한다.

· 우리는 각자 자기의 이야기를 주신 그 유일하신 하나님을 찬송할 것이고, '나의 하나님'에 대한 간증들이 모여서 '우리의 하나님'에 대한 심포니로 울려 퍼질 것이다.

· 천국에서 가장 중대한 업무는 기쁨이다.

4장

갈망(Joy)

내 안을 흔들고 지나간 기쁨의 흔적

이제 우리는 루이스의 가장 독특한 공헌이라고 말할 수 있는 'Joy'에 대해서 생각해 봐야 합니다.

앞서 기쁨의 근원지인 천국에 대해서 숙고해 보았습니다. 천국은 미래의 시간에 머물러 있는 것이 아니라, 현재 속으로 파고들어 온다고 했습니다. 그런데 루이스는 천국이 현재 속으로 들어오는 모습을 두 가지로 설명합니다. 첫째는 'Joy'라는 특별한 경험이고, 둘째는 'pleasure'라고 부르는 일상적인 경험입니다. 두 번째 경험에 대해서는 5장에서 풀어 볼 것입니다. 그에 앞서 여기서 단어 사용에 대한 중요한 구분을 확인하고 넘어가겠습니다.

◆ 'Joy'라는 특별한 경험

루이스가 'pleasure'라고 부르는 경험은 말 그대로 하나님의 영광이 우리의 일반적 감각에 의하여 우리에게 전달되는 것을 의미합니다. 이는 영어 단어 'pleasure'가 일반적으로 의미하는 '즐거움'이나 '쾌락'으로 이해하면 됩니다.

그런데 'Joy'의 경우는 그렇지 않습니다. 루이스가 사용하는 'Joy'의 첫 자는 대문자로 표기하는 것이 맞습니다. 그 이유는 이 단어를 고유명사로 사용하기 때문입니다. 루이스는 우리가 단순히 '기쁨'이라고 번역할 수 없는, 어떤 특별한 경험에 대해서 말하고 있는 것이고, 그는 그 경험을 'Joy'라 부르기로 했다는 점에 주목해야 합니다.

사실 이 말은 루이스가 처음 쓴 것은 아니고, 영국의 낭만주의 시인 윌리엄 워즈워스가 썼던 표현을 빌려온 것입니다. 그러므로 'Joy'를 단순히 '기쁨'으로 번역한다면 그 의미를 전달하는 데 적지 않은 오해를 불러일으킬 수 있습니다.

우선, 워즈워스의 'Joy'가 무엇이었는지 살펴봅시다. 루이스는 워즈워스의 자서전적 장편 시 "서곡"(*the Prelude*)을 마음 깊이 사랑했고 그의 생애 내내 즐겨 음미하며 지냈습니다. 그렇지만 루이스와 깊은 연관을 갖게 된 시는 "예기치 못한 기쁨"(Surprised by joy)이라는 첫마디로 시작되는 워즈워스의 소네트였습니다. 이 시의 첫마디가 루이스의 신앙적 순례를 기록한 자서전의 제목이 되었습니다.

사실 루이스의 《예기치 못한 기쁨》은 워즈워스의 자서전적 시인 "서곡"에 큰 영향을 받은 것이라고 말할 수 있는데, 그 제목은 다른 시에서 가져왔습니다. 물론 그럴 만한 이유가 있습니다. 바로 'Joy'라는 단어 때문입니다. 루이스의 《예기치 못한 기쁨》은 처음부터 끝까지 그의 삶을 이끌어 왔던 'Joy'라는 경험에 대한 것입니다. 그런데 바로 그 경험에 'Joy'라는 명칭을 붙여 준 것이 워즈워스의 소네트였습니다.

소네트는 14줄로 되어 있고 일정한 라임(rhyme) 형태를 지닌 시를 뜻합니다. 다음은 워즈워스의 소네트, "Surprised by Joy"를 옮긴 것입니다.

Surprised by Joy - impatient as the Wind / I turned to share the transport - Oh! with whom / But Thee, long buried in the silent Tomb, / That spot which no vicissitude can find? / Love, faithful love, recalled thee to my mind / But how could I forget thee? - Through what power, / Even for the least division of an hour, / Have I been so beguiled as to be blind / To my most grievous loss! - That thought's return / Was the worst pang that sorrow ever bore, / Save one, one only, when I stood forlorn, / Knowing my heart's best treasure was no more; / That neither present time, nor years unborn / Could to my sight that heavenly face restore.

이 소네트를 다음과 같이 번역해 보았습니다.

Joy에 놀랐다 - 바람처럼 성급하게 / 나는 그 황홀함을 나누려고 바라보았는데 - 오! 그 누구와 나눌까 / 네가 아니라면. 그러나 너는 이미 긴 시간을 적막한 무덤 속에 묻혀 있다 / 아무런 움직임도 찾을 수 없는 그곳에. / 사랑, 신실한 사랑이 너를 내 기억으로 불러냈다 - / 그런데 내가 어떻게 너를 잊을 수 있을까? - 어떤 힘이, / 시간을 쪼갠 무슨 짧은 순간이라 할지라도, / 나를 기만할 수 있었을까? 나의 눈을 닫고 / 나의 가장 비통한 상실을 볼 수 없도록! - 그 기억의 귀환은 / 슬픔이 낳은 최악의 아픔이었다. / 오직 유일하게 더한 고통의 순간이 있었다면, 바로 나 홀로 고독하게 서서 / 내 마음 최고의 보물이 상실되었다는 것, / 그리고 현재나 또는 아직 태어나지 않은 세월이라도 / 그 천국 같은 얼굴을 내 눈앞에 다시는 회복시킬 수 없다는 것을 알게 되었을 때뿐이었다.

사실 이 소네트는 4살 때 죽음으로 워즈워스의 곁을 떠나간 딸 캐서린에 대한 것입니다. 이 시에서 그는 갑작스럽게 찾아온 기억에 화들짝 놀라는 자신을 발견하게 됩니다. 그것은 바로 죽은 딸에 대한 기억이었습니다. 이 기억은 '슬픔이 낳은 최악의 아픔'이라고 묘사되어 있을 만큼 그에게 너무도 고통스러운 것이었음에도, 일차적으로는 황홀함, 희열 또는 달콤함으로 다가왔습니다.

딸에 대한 사랑스러운 기억이었는데, 그 기억은 아이를 다시 볼 수 없다는 깊은 상실감으로 뒤덮여 버립니다. 바로 이 이중적인 경험을 'Joy'라고 부른 것입니다. 이것은 바로 루이스가 독일 낭만주의 철학에서 가져온 단어 '젠주흐트'(Sehnsucht)와 같은 의미를 갖습니다. 그러므로 'Joy'는 단순히 기쁨이라기보다는 동시에 달고 쓴(bitter-sweet) 감정입니다. 너무도 원하는 대상과 떨어져 있다는 자각에서 오는 강렬한 느낌입니다. '진한 향수'(nostalgia) 또는 '애틋한 갈망'이라고 표현하는 것도 좋겠습니다.

◆ 위로받을 수 없는 영혼의 충격으로 오는 갈망

워즈워스에게는 이 갈망이 캐서린에 대한 기억을 통해 유발되었지만, 루이스는 이와 동일한 종류의 갈망은 여러 다른 채널을 통해서 올 수 있다는 것을 경험적으로 알게 되었습니다. 또 루이스가 발견한 중대한 사실은 이 갈망의 근원이 우리 내면에 있는 것이 아니라 초월적이라는 것입니다. 즉 갈망은 하나님의 형상대로 지음 받은 인간들에게 주어지는 보편적인 경험으로, 천국이 보내는 신호라는 것입니다.

루이스는 일평생 이 갈망의 경험에 이끌려 살고 있었다는 것을 그의 책《예기치 못한 기쁨》에서 진술하고 있습니다. 그는 이것을 "내 인생 이야기의 주된 부분"이라고 썼습니다. 'Joy'는 "어떤 만족감보다 갈망 그 자체를 갈망하게 만드는 채워지지 않는 갈망"[1]이라고 불렀습니다. 앞서 언급했듯이 이 갈망의 경험은 달콤함과 아픔이 동시에 밀려오는 느낌입니다.

그런데 이 느낌이 밀려올 때는 다른 모든 것을 잠시 망각하게 될 정도로 강렬한 경험으로 옵니다. 이 갈망을 경험한 후에는 그 어떤 다른 만족도 이것이 주는 정도의 만족감에 이르지 못합니다. 여전히 이것은 갈망이고, 충족이 아님에도 불구하고, 그 갈망의 찔림이 그 어떤 만족보다도 더 강하게 영혼을 흔들고 지나가는 것입니다. 이 갈망은 그 무엇으로도 위로받을 수 없는 영혼의 충격으로 오는 특별한 경험입니다.

'Joy'의 특징에 대해서 몇 가지로 정리해 보면 다음과 같습니다.

(1) 달콤함의 요소가 있습니다. (2) 무엇인가 나를 미지의 대상에게 이끌어 간다는 느낌이 있습니다. (3) 'Joy'가 엄습하는 순간, 영혼을 꿰뚫는 날카로운 통증을 느낍니다. 이것은 일반적인 쾌락이나 심지어는 예술적 감동과는 다릅니다. 일종의 영혼의 찔림, 그리고 도저히 달랠 수 없는 동경이 몰려오는 듯 느낍니다. (4) 이 경험의 황홀감 속에 일상적인 일이나 쾌락 같은 것이 잊히게 됩니다. (5) 이 경험은 너무도 압도적이어서 마음이 완전히 빠져 몰두하게 됩니다. (6) 이 경험은 나의 밖에 있는 어떤 대상을 향하여 가리키고 있습니다. (7) 이 경험은 향수의 느낌을 강하게 지니고 있습니다. (8) 이 경험이 지나면 멈추고 싶지 않다는 욕망이 강하게 남습니다.[2]

어린 시절 루이스의 형 워니가 비스킷을 담았던 양철통에 이끼를 덮고 잔가지들과 꽃들을 꽂아 장난감 정원을 만들었습니다. 그가 단장한 축소판 정원을 들고 놀이방으로 들어온 순간, 그 모습을 본 루이스에게 강렬한 느낌이 다가왔습니다. "서늘하고, 아침 이슬 같고, 신선하고, 풍성한"(something cool, dewy, fresh, exuberant) 느낌이었다고 했는데, 이것이 루이스가 기억하는 갈망의 첫 방문입니다.

어린 시절, 그는 놀이방 창문을 통하여 멀리 내다보이는 캐슬레이 동산을 바라보곤 했는데, 눈앞에 펼쳐져 있지만 어린 그에게는 도저히 다가갈 수 없는 그곳이 그의 마음에 갈망, 바로 젠주흐트를 작동시켰습니다. 그가 6살이 되기도 전의 일들이었습니다. 그 이후 어느 여름날에 평범한 꽃나무를 바라보는 순간, 갑작스럽게 그 느낌에 다시 붙잡히는 경험을 하기도 했습니다. 상황은 달랐지만, 그 경험은 동일하게 느껴졌습니다.

루이스는 이 느낌과 감정을 표현하기가 쉽지 않았지만, 존 밀턴(John Milton)이 언급한 에덴동산의 거대한 행복감(enormous bliss)이 이런 것이 아닐까 생각했습니다. 물론 그것은 행복감 같았지만, 사실은 간절하고 애틋한 갈망이었습니다.

그런데 그 느낌은 오래 머물지 않았습니다. 순식간에 썰물처럼 물러갔고, 온 세상에 조명등이 비치듯 환하게 빛났던 그 순간이 불이 꺼지듯 다시 평범한 모습으로 돌아왔습니다. 잠깐이었지만, 이 갈망은 너무도 강렬하게 그의 마음을 휘젓고 지나간 것 같았습니다. 루이스는 판타지 소설이나 신화적 서사시를 통해서도 가슴을 찌르는 이 간절한 갈망을 경험했습니다.

이후 루이스는 'Joy'의 정체는 자기가 애타게 갈망하는 대상으로부터 멀리 떨어져 있다는 그리움의 날카로운 엄습이라는 사실을 알게 되었습니다. 이것은 일종의 실향감(a sense of displacement)입니다. 집을 떠나온 나그네가 마음에 품은 본향을 향한 지독한 그리움 같은 것입니다. 그 그리움 속에는 본향의 따듯함, 달콤함이 녹아 있지만, 그 기쁨이 크면 클수록 더 격차가 큰 상실감으로 찾아오게 됩니다. 이런 특별한 향수는 이 세상에 있는 어떤 대상을 통해서도 트리거될 가능성이 있습니다.

하지만 이것은 그저 일반적인 감수성을 건드리는 정도가 아니라는 사실을 이해하는 것이 중요합니다. 감동 같은 것이 아니라, 격렬하게 영혼을 깊숙이 찌르는 침범입니다. 루이스는 자신의 인생 여정에서 반복적으로 느꼈던 이 갈망의 경험이 자신을 회심으로 인도하는 중요한 이정표 역할을 해 주었다고 고백했습니다. 과연 이 경험이 다른 사람들과도 공유될 수 있는 것일까요?

◆ 갈망은 흘러넘친 종교

루이스는 이 갈망의 보편성에 대해서 관찰하기 시작했습니다. 루이스는 문학가이지만 동시에 종교 심리에 대한 탁월한 이해와 통찰력을 지녔음을 알 수 있습니다. 결국 루이스는 인류 보편적으로 드러나는 중요한 주제를 발견하게 되는데, 그것은 바로 모든 인간은 물질세계를 통하여 만족될 수 없는 특별한 갈망을 지니고 있다는 것입니다.

낭만주의는 이 특별한 갈망에 대해서 집중하는 철학입니다. 그런데 루이스의 낭만주의는 다른 이들과 같이 감정적 남용이나 자연 숭배 같은 방향으로 치닫지 않습니다.

도리어 구체적이며 종말적인 방향을 지니고 있습니다. 모든 사람 안에서 만날 수 있는 이 달랠 수 없는 갈망이 인간의 궁극적인 존재적 방향을 알려 주는 실마리가 될 수 있다는 것입니다.

이 갈망에 대한 이해는 루이스에게 중요한 변증적 도구를 제공합니다. 이것을 '갈망에서부터 시작하는 변증법'(an argument from desire)이라고 부릅니다. 이 갈망을 신실하게 추적할 수 있다면, 갈망의 참된 대상을 발견하게 될 것이라는 기대가 담겨 있습니다.

루이스는 젠주흐트를 "흘러넘친 종교"(spilled religion)로 간주합니다.[3] 하지만 그 효력에는 조건이 있습니다. 구도자가 그 흘러넘친 방울들을 핥아먹는 데 머물지 않고 그 이상으로 나아갈 수 있어야만 합니다. 그런데 그것이야말로 하나님의 은총으로만 가능한 일입니다. 만일 그들이 그 흐름의 근원인 황금 잔을 전심으로 찾아 나서게 된다면 그것이야말로 위대한 축복입니다. 천국이 그들을 기다리고 있을 테니 말입니다.

인류 보편적인 경험으로, 이 갈망은 시편 107편이 말하는 배고픔이나 목마름이 아닌가 생각해 봅니다. 'Joy'가 주는 일종의 절망감은 이 세상에 존재하는 그 무엇도 그것을 만족시켜 줄 수 없다는 데 있습니다. 누구도 달래 줄 수 없는 영혼 깊숙이 침투한 슬픔이며 상실감인데, 너무나 원하는 그 대상의 맛이 그 속에서 느껴지기 때문에 더욱 견디기 어렵게 만듭니다. 이러한 절망감은 인간 보편적인 경험이라고 할 수 있습니다.

블레즈 파스칼(Blaise Pascal)의 '하나님 모양의 빈 공간'이 모든 인간의 마음에 존재한다는 주장은 루이스가 언급하는 갈망의 의미와 맥을 같이합니다. 루이스의 표현에 의하면, "인간의 영혼은 지금 우리의 주관적이며 시공간적 경험에 매여 있는 방식으로는 절대로 온전히 누릴 수 없는 어떤 대상을 향유하도록 만들어져 있습니다. 그 대상은 사실 우리가 누릴 수 있다고 상상조차 할 수 없는 그런 것입니다."[4]

그런데 그 대상이 무엇인지를 알게 될 때 'Joy'는 대단한 신앙적 동기가 될 수 있습니다. 성 어거스틴(St. Augustine)은 "나의 마음은 당신 안에 안식을 누리기까지 절대로 쉼을 누리지 못합니다"라고 《참회록》에 고백했습니다. 바로 어거스틴의 '쉼이 없는 마음'(restless heart)은 창조주 하나님의 인장이 찍혀 있기 때문에 오직 그분께 온전히 돌아가지 않으면 불안할 수밖에 없는 인간의 모습을 그려 주는 것입니다.

시인은 시편에서 이렇게 표현합니다. "하나님이여 사슴이 시냇물을 찾기에 갈급함같이 내 영혼이 주를 찾기에 갈급하니이다"(시 42:1). "하나님이여 주는 나의 하나님이시라 내가 간절히 주를 찾되 물이 없어 마르고 황폐한 땅에서 내 영혼이 주를 갈망하며 내 육체가 주를 앙모하나이다"(시 63:1). "파수꾼이 아침을 기다림보다 내 영혼이 주를 더 기다리나니 참으로 파수꾼이 아침을 기다림보다 더하도다"(시 130:6). 시인의 갈급함이 절실하게 표현되어 있는 구절들입니다.

하지만 그들은 이미 위대한 깨달음을 지닌 자들입니다. 그들 속에 파고들어 와 있는 충족받을 수 없는 갈망의 대상이 이 세상 그 무엇도 아니고, 오직 하나님이신 것을 발견했기 때문입니다.

◆ 모든 현세적 기쁨 속에 숨어 있는 갈망

앞서 언급했듯이, 'Joy'는 우리가 알고 있는 기쁨과는 다른 특별한 경험을 의미하고, 이것을 갈망이라고 불렀습니다.

그런데 한 가지 덧붙일 중요한 사실이 있습니다. 우리는 현세 속에 경험하는 일반적인 기쁨의 경험 안에서도 갈망의 요소를 발견할 수 있다는 것입니다. 왜냐하면 현세 속에 만나는 어떤 기쁨도 일시적이며 부분적이지 않은 것이 없기 때문입니다. 그러므로 쾌락주의는 아주 모순적인 인생철학입니다. 쾌락 속에 파묻힐수록 충족을 경험하기보다는 더욱 허무함을 느끼게 됩니다. 현세 속에 만나는 모든 기쁨은 그 자체만으로 충분한 의미를 가지지 못합니다.

루이스는 그의 유명한 책 《영광의 무게》(홍성사, 2019)에서 이렇게 설명합니다. 만일 우리가 어떤 책이나 음악 그 자체를 신뢰하고 그 안에 아름다움이 숨어 있다고 생각한다면, 우리는 그것들로부터 배반을 당하게 될 것입니다. 아름다움은 그 안에 있는 것이 아니라 그것들을 통하여 온 것이며, 사실 그것들을 통하여 온 것은 갈망뿐입니다. 그것

들이 생각나게 하는 아름다움이나 우리 과거의 회상들은
우리가 진정 사모하는 것에 대한 좋은 그림일 뿐입니다.

그런데 만일 그것들을 대상 그 자체로 오해한다면, 그것
들은 어리석은 우상으로 변질되고 그것들을 숭배하는 자
들의 마음을 찢어 놓을 것입니다.

왜냐하면 그들은 그 대상 자체가 아니고 아직 발견하지 못한 꽃
의 향기일 뿐, 그리고 아직 들어 보지 못한 곡조의 메아리일 뿐,
그리고 아직 방문한 적이 없는 나라에서 온 소식일 뿐입니다.[5]

그러므로 이 세상에서 느끼는 기쁨이 지나간 흔적에는 언
제든지 아쉬움과 상실감이 도사리고 있습니다. 이 사실을
깨닫지 못한 사람은 다시 동일한 기쁨을 찾아 나서겠지만,
깨달은 사람이라면 일시적이며 부분적인 기쁨의 의미는 그
자체에 있는 것이 아니라, 영원하고 완전한 기쁨을 가리키
는 화살표와 같은 역할을 한다는 사실을 알게 될 것입니다.

루이스는 《순전한 기독교》(홍성사, 2018)에서 사람들이 기
쁨의 경험에 대해서 어떤 실수를 하는지 보여 줍니다.

첫째, '어리석은 사람'은 쉽게 사라지는 기쁨에 대해서 환경 탓을 합니다. 매번 새로운 것을 찾아 나섭니다. 더 매력적인 상대, 더 이국적인 휴가, 더 좋은 자동차가 있다면 진정한 기쁨을 누릴 수 있을 것이라고 기대하면서, 결국 그럴 수 없음에도 인생 전체를 거기에 탕진해 버립니다.

둘째, '회의적이지만 생각이 있는 사람'이 있습니다. 그는 모든 기쁨은 오직 사춘기의 꿈에 불과하다고 결론을 내립니다. 그리고 더 이상 묻지도, 추구하지도 않습니다.

루이스는 후자가 전자보다는 훨씬 낫고, 좀 더 편안하게 살 수도 있고, 또 사회에도 폐를 덜 끼치는 경우라고 생각합니다. 그러나 그가 추구하기를 멈춘 그 대상이 실제로 존재한다면, 그 역시 어리석은 실수를 저지른 것입니다.

반면에 '그리스도인의 방식'이 있습니다. 모든 피조물은 충족될 수 있는 욕망을 갖고 태어납니다. 아기가 배고프다고 우는 이유는 배를 채울 수 있는 젖이 있기 때문입니다. 새끼 오리는 헤엄을 치고 싶고, 역시 헤엄칠 수 있는 물이 있습니다. 사람은 성적 욕망을 느끼고, 섹스라는 것이 있습니다.

그런데 만일 내 속에 이 세상의 경험이 충족시켜 줄 수 없는 욕망이 있다면, 가장 타당한 설명은 내가 다른 세상을 위해서 지어졌다는 것입니다. 만일 이 세상에서 얻을 수 있는 어떤 즐거움도 그것을 만족시켜 주지 못한다고 느꼈다면, 그 이유로 이 우주가 우리를 기만하고 있다는 결론을 내릴 필요는 없습니다. 아마도 원래 이 세상의 쾌락은 그것을 만족시킬 수 있는 것이 아니었고, 그저 그 욕망을 돋우는 역할만 하는 것이며, 실제로 만족을 줄 대상은 따로 있다는 사실을 암시하는 것일 가능성이 높습니다.

만일 그렇다면, 우리가 어떤 모습으로 살아야 할 것인지에 대해 몇 가지 답을 찾아볼 수 있습니다. 한편으로는 세상에서 가질 수 있는 기쁨을 경멸하거나 감사하지 못하는 마음을 갖지 않도록 조심해야 할 것이며, 반면 그것이 일종의 모형이나 메아리의 역할을 하고 있다는 사실을 망각하고 그것이 실제인 양 취급해서도 안 될 것입니다. 아울러 내 안에 지속적으로 나의 진정한 본향에 대한 갈망의 불을 지펴 나가야 할 것입니다. 그리고 내 삶의 목적을 그 다른 나라를 향하여 나아가는 데 둘 것이며, 또 다른 이들도 그렇게 할 수 있도록 도와주는 데 진력할 것입니다. •

1. 'Joy'란 무엇인가?

· 루이스는 천국이 현재 속으로 들어오는 모습을 'Joy'라는 특별한
경험과 'pleasure'(5장에 나오는 개념)로 설명한다.

· 'Joy'는 독일 낭만주의 철학에서 가져온 단어 '젠주흐트'와 같은
의미다.

· 루이스는 《예기치 못한 기쁨》에서 'Joy'를 "어떤 만족감보다 갈
망 그 자체를 갈망하게 만드는 채워지지 않는 갈망"이라고 불렀
다. 'Joy'는 단순히 기쁨이라기보다는 동시에 달고 쓴 감정이며
진한 향수라고 표현할 수도 있다.

2. 'Joy'의 특징

· 달콤함의 요소가 있다.

· 무엇인가 나를 미지의 대상에게 이끌어 간다는 느낌이 있다.

· 'Joy'가 엄습하는 순간 일종의 영혼의 찔림, 그리고 도저히 달랠
수 없는 동경이 몰려오는 듯 느낀다.

· 이 경험의 황홀감 속에 일상적인 일이나 쾌락 같은 것이 잊히게
된다.

· 이 경험은 압도적이어서 마음이 완전히 빠져 몰두하게 된다.

· 이 경험은 나의 밖에 있는 어떤 대상을 가리키고 있다.

· 이 경험은 향수의 느낌을 강하게 지니고 있다.

· 이 경험이 지나면 멈추고 싶지 않다는 욕망이 강하게 남는다.

3. 갈망은 흘러넘친 종교

· 모든 인간은 물질세계를 통하여 만족될 수 없는 특별한 갈망을 지니고 있다. 이 갈망을 추적할 수 있다면 갈망의 참된 대상을 발견하게 될 것이다. 이것을 '갈망에서부터 시작하는 변증법'이라고 부른다.

· 루이스는 젠주흐트를 "흘러넘친 종교"로 간주한다. 하지만 구도자가 흘러넘친 방울들을 핥아먹는 데 머물지 않고 그 이상으로 나아가는 것은 하나님의 은총으로만 가능하다.

· 블레즈 파스칼의 '하나님 모양의 빈 공간'이 모든 인간의 마음에 존재한다는 주장은 루이스가 언급하는 갈망의 의미와 맥을 같이한다.

· 만일 내 속에 이 세상의 경험이 충족시켜 줄 수 없는 욕망이 있다면, 내가 다른 세상을 위해서 지어졌기 때문이다.

5장

즐거움(Pleasure)

감각으로 느끼는 기쁨

앞서 우리는 루이스가 설명한 'Joy'라는 특별한 갈망에 대해서 생각해 보았습니다. 아울러 현세 속에서 경험하는 일상적인 기쁨이나 즐거움 속에도 'Joy'적 특성이 여전히 담겨 있다는 사실도 감지해 보았습니다. 그리고 'Joy'적 특성에 대해서 충분히 이해했을 때 모든 기쁨은 그 근원인 천국과 하나님으로 우리를 향하게 하는 은총이 될 수 있다는 결론에까지 도달했습니다.

하지만 'Joy'가 사실상 강조하는 것은 기쁨 그 자체가 아니고, 기쁨이 스쳐 지나간 흔적, 또는 상실감이라고 할 수 있습니다.

이 장에서 다루어 볼 주제는 'pleasure'에 대해서입니다. 루이스가 이 단어를 쓰는 경우를 관찰해 보면 '즐거움' 또는 '쾌락'이라는 일반적인 의미로 번역하는 것에 크게 무리가 없어 보입니다.

'pleasure'라는 기쁨의 강조점은 우리의 감각으로 느껴 보는 즐거움이라는 데 있습니다. 그러므로 이것은 특별한 경험이라기보다는 아주 보편적이며 일상적인 경험을 의미하는 것입니다.

그런데 중요한 것은 루이스가 이 즐거움을 어떤 의미로 받아들이고 있느냐는 것입니다. 그냥 흘려버릴 수 있는 일상적인 경험이지만, 초자연주의적 관점에서 바라보면 이것도 창조주의 기적입니다. 창조 그 자체가 기적이기 때문입니다. 이러한 기적의 현장에서 기적의 연속을 경험하고 살아가는 우리에게는 작은 느낌 하나도 하나님과의 연결 고리가 될 수 있습니다.

◆ 하나님의 거룩한 광선의 조각들

루이스는 《개인 기도》의 17번째 편지에서 즐거움에 대한 그의 생각을 펼쳐 내 보여 줍니다. "즐거움이란 우리의 감각에 와 닿는 영광의 광선들이다"[1]라고 설명합니다.

그는 하나님의 영광이 세상에 비치는 모습을 3가지로 구분해서 이야기합니다. 첫째, 그 영광이 우리의 의지를 자극하게 되면 그 결과를 '선함'(goodness)이라 부릅니다. 이것은 하나님의 영광의 윤리적 측면입니다. 둘째, 그 영광이 우리의 지각에 내려올 때 그 결과를 '진리'(truth)라 부릅니다. 이것은 하나님의 영광의 인식적 측면입니다. 그리고 마지막으로, 그 영광이 우리의 감각과 감성에 비칠 때 그 결과를 '즐거움'(pleasure)이라고 부릅니다. 이것은 하나님의 영광의 미적 측면입니다.

이 3가지 중 무엇이 가장 중요한가를 질문할 필요가 없습니다. 진, 선, 미 모두 인간이 누리는 최고의 가치이기 때문입니다. 신실하게 추적한다면, 이 3가지 모두 하나님의 영광을 만나는 적절한 방편이 될 수 있기 때문입니다.

반면, 이것들을 옳게 사용하지 않는다면, 대부분의 사람들이 고상하게 여기는 윤리나 인식적 기능도 하나님의 영광이 아닌 막다른 골목으로 인도할 수 있기 때문입니다.

이 글에서 루이스는 특히 즐거움에 대한 그의 생각을 밝히는데, 그의 생각은 너무나 긍정적입니다. 그는 '아주 일상적인 즐거움 속에서도 하나님의 영광을 발견하고 신속하게 예배의 자세를 취하는 것이 너무도 당연한 일이 아닌가?' 하고 생각하게 된 것입니다.

그런데 "이 세상에는 당연히 잘못된 쾌락이나 즐거움도 있지 않은가?"라고 반문할 수 있습니다. 루이스의 답은 아주 분명합니다. 그는 '나쁜 쾌락'이 당연히 있을 수 있지만, 이것은 쾌락 자체에 대한 문제가 아니라고 주장합니다. 나쁜 쾌락이란 불법적인 방법이나 행동을 통하여 쾌락을 거머쥐려고 하는 데 문제가 있는 것입니다.

예를 들면, 사과를 훔치는 것은 나쁜 일이 분명하지만, 사과의 달콤하고 향긋한 맛 자체에는 잘못이 없습니다. 사과가 지니고 있는 달콤함과 향긋함은 여전히 하나님의 영광으로부터 나오는 광선입니다. 이것이 훔치는 행위를 정당화하지는 않습니다. 잘 생각해 보면, 이 사실은 도둑질을 더 나쁜 것이 되게 합니다. 왜냐하면 이 경우 도둑질은 일종의 경건을 짓밟는 행위가 되기 때문입니다. 사과는 단순히 과일에 불과한 것이 아니라, 하나님의 영광을 비추어 내는 거룩한 물체가 되기 때문입니다. 그러므로 이런 의미의 도둑질은 불경을 저지르는 문제가 되는 것입니다.

루이스는 감각적(sensuous) 즐거움과 예술적(aesthetic) 즐거움을 구분 지어서 예술적 즐거움이 영적으로 더 유익하다고도 생각하지 않습니다. 비록 감각적 즐거움이 예술적 즐거움에 비해서 수준이 낮은 것이라고 할지라도 그렇습니다.

가장 낮은 경험 속에서 하나님의 선하심을 맛보아 아는 것을 배우지 못한다면, 더 고상한 경험 속에서 그분을 찾을 것이라고 기대할 수 없습니다. 뛰기에 앞서 걷기를 배워야 하는 것은 당연합니다. 작은 일에서 하나님을 경외하는 삶에 익숙해지지 못하면 큰 일에서 하나님을 경외할 것이라고 기대할 수 없습니다. 하나님을 '맛보아 알지'(시 34:8 참조) 못하는 사람이 하나님을 믿음과 이성을 통해서 발견할 것이라고 기대할 수 없습니다.

숲속을 걸으며 나뭇가지 사이를 뚫고 내리쬐는 햇살의 아름다움에서 느낄 수 있는 기쁨이 있습니다. 이 기쁨은 천문학 교재를 통해서 얻을 수 있는 것과는 다릅니다. 물론 천문학 교재를 통하여 태양과 우주의 경이로움을 느낄 수 있겠지만, 그것이 순수하고 자연스러운 숲속에서의 즐거움보다 더 위대하다고만 할 수는 없습니다. 왜냐하면 숲속에서 만나는 햇살의 해맑은 빛은 '하나님의 거룩한 광선의 조각들'(patches of Godlight)이기 때문입니다.

◆ 즐거움과 경외함이 일치하는 순간

이 글에서 루이스는 모든 즐거움을 하나님에 대한 경배의 방편으로 사용하려고 한다고 고백합니다. 그런데 이것은 즐거움을 주신 것에 대해서 감사하는 정도의 마음이 아니라고 설명합니다. 먼저 즐겁고, 그 이후에 감사하는 것이 아니라, 하나님께로부터 온 그것을 즐거워하는 것 자체가 경배이고 감사라는 논리입니다.

우리의 경험은 상당 부분 복합적이고, 그리 단순하지가 않습니다. 우리 귀에 들리는 소리는 단순히 소리가 아니고 일종의 메시지를 담고 있는 경우가 많습니다. 예를 들어, 새가 지저귀는 소리를 들으면 그것을 단순히 소리로 듣는 것이 아니라, "저것은 새다"라는 메시지를 그 소리를 통해서 듣습니다. 보는 것도 마찬가지입니다. 익숙한 글자를 볼 때 그 글자의 의미가 함께 보이는 것이지, 단순히 종이 위에 그려진 무늬만 보이는 것이 아닙니다. 또 창밖에 바람 소리가 들릴 때 이 소리도 무의미하지 않습니다. 단순히 "쌩~" 소리로 들리는 것이 아니라, '바람이 분다'라는 의미로 들립니다.

이와 마찬가지로 즐거움을 경험하는 것과 그 즐거움의 의미를 읽어 내는 것은 별개의 행위가 아닐 수 있습니다. 즐거움을 받아들이는 것과 이것이 하나님께로부터 왔다는 것을 파악하는 일은 하나의 경험이 될 수 있습니다.

루이스는 "즐거움이라는 천국의 열매에서는 그것이 자라난 과수원의 향기가 난다"라고 말합니다. 즐거움 그 자체에 천국의 냄새가 묻어 있습니다. 즐거움 그 자체에 창조주의 메시지가 속삭이고 있습니다. 하나님은 영원한 즐거움의 근원이십니다. 그분의 오른손,[2] 바로 그분의 손가락과 맞닿는 순간이 우리가 즐거움을 만나는 순간입니다. 그때 느끼는 전율 속에 또 다른 별개의 사건으로 감사, 찬양을 별도로 할 필요가 느껴지지 않습니다.

즐거움은 그 자체가 작은 신현(神顯, theophany), 즉 하나님의 나타나심입니다. 그리고 그 순간 자체가 하나님을 향한 경배입니다. 그 순간의 경험은 "이 같은 즐거움을 주시는 하나님은 참 좋으신 분이다!"라는 감사의 속삭임이고, 또 "이처럼 멀찍이 와서 잠시 반짝이는 그분의 빛이 이 정도라면, 도대체 하나님은 얼마나 대단한 존재이신가!"라는 경외함의 감탄입니다. 그 순간 우리의 마음은 햇살을 거슬러 올라가 태양을 향하여 달려가는 것입니다.

루이스는 이러한 즐거움과 경외함의 일치를 이루어 낼 수 있다고 생각하며, 그러므로 지극히 평범하게 느껴졌던 즐거움이라 할지라도 사실은 평범하지 않을 것이라고 주장합니다. 심지어 부드럽게 다가온 바람이 뺨을 스치는 느낌마저도 황홀한 예배로 변할 것입니다.

여기에 중요한 신앙 문서에 대한 루이스의 탁월한 해석

하나를 소개하고자 합니다. 바로 《웨스트민스터 소요리문답》 제1문답에 대한 것입니다.[3] 《소요리문답》은 웨스트민스터 신앙고백서가 채택되었을 때(1647년) 함께 채택한 신앙 교육 교재입니다. '요리문답'이라는 말은 중요한 교리를 문답 형태로 만들었다는 의미인데, '대요리문답'(The Larger Catechism)과 '소요리문답'(The Short Catechism), 두 가지가 있습니다. 소요리문답은 오늘날에도 기초적인 신앙 교육을 위해 많이 사용되고 있는 문서입니다.

소요리문답 제1문은 "사람의 제일 된 목적이 무엇입니까?"입니다. 이 질문에 대한 답은 "사람의 제일 된 목적은 하나님을 영화롭게 하고 그로 인하여 즐거워하는 것입니다"(Man's chief end is to glorify God and enjoy Him forever)입니다.

루이스는 여기서 답이 한 가지라는 점을 강조합니다. 즉 하나님을 '영화롭게 함'과 그로 인하여 '즐거워함'이 별개의 행동이 아니라는 것입니다. 하나님을 온전히 즐거워하는 것이 곧 그분을 영화롭게 하는 것입니다.[4] 루이스의 말에 의하면, 하나님을 영화롭게 하라는 명령은 바로 그분으로 인하여 기뻐하고 즐거워하라는 초청입니다.[5]

◆ 은혜의 경험을 가로막는 요소

그런데 이런 은혜의 경험을 하지 못하도록 방해하는 요소가 몇 가지 있습니다. 루이스가 지적하는 4가지 요소는 사실 즐거움뿐 아니라 어떤 방편을 통해서든 주어지는 하나님의 은혜를 잘못 대하는 태도에 대한 경고로 들을 수 있습니다. 아주 유익하게 사용할 수 있는 통찰력입니다.

첫째는 부주의입니다. 즐거움을 잘못 대하는 것입니다. 지금 너무 귀중한 경험을 하고 있는데, 그 경험을 아무렇게나 대하는 것입니다. 이것은 즐거움에 대한 낭비입니다. 이 글을 통하여 우리가 꼭 누려야 하는 결과는 현세 속에 느끼는 즐거움과 기쁨의 순간들이 얼마나 소중한지에 대해서입니다.

둘째는 잘못된 주의 집중입니다. 루이스는 바람 소리를 듣는 것이 아니라 단순히 "쌩~" 하는 소리로만 들을 수 있는 것도 연습으로 가능할 것이라고 생각합니다. 이와 같이 즐거움도 단순히 쾌락을 느끼는 순간적 사건으로 축소시킬 수 있을 것입니다.

왜 이런 일이 벌어집니까? 이것은 즐거움의 주관화(subjectify) 현상입니다. 즉 즐거움의 출처, 즐거움의 객관적 의미에는 관심이 없고 오직 내게 느껴지는 것에 대해서만 관심을 갖는 것입니다. 바람이라는 사실보다는 내게 "쌩~" 소리로 들린다는 것에만 집중합니다. 뺨을 스치는 바람 그 자체의 느낌에만 집중할 뿐, 그 느낌이 주어지는 정황, 근원, 이유 같은 것에는 관심이 없습니다.

말씀을 들을 때도 얼마든지 있을 수 있는 현상입니다. 내게 어떤 감동이 있는지, 내가 얼마나 재미있게 느끼고 있는지에만 관심이 있을 뿐, 그 말씀을 주시는 하나님, 그리고 그 말씀의 의미에 대해서는 관심이 없는 상태입니다. 이런 경우 즐거움을 통해서 흘러나오는 하나님의 향내를 무시해 버릴 수 있습니다. 이와 관련된 내용은 6장에서 다룰 '향유'(enjoyment)에서 좀 더 확대해 만날 수 있습니다.

셋째는 욕심입니다. 즐거움 속에 하나님의 임재를 느낄 때 "여기에도 주님이 계시는군요!"라고 말하지 않고, 계속 "앙코르!"(Encore)만 외치는 모습입니다. 지금 주어진 은혜를 음미하기보다는 자꾸 새로운 경험을 하기 원하는 모습입니다. 욕심은 지금을 즐기지 못하게 만듭니다. 이것은 참 비극적인 현실입니다. 수많은 사람이 이 문제를 매일 겪고 있고 행복과는 거리가 멀어지고 있습니다.

넷째는 교만입니다. "나는 참 대단한 깨달음을 갖고 있구나. 이렇게 작은 즐거움에서도 하나님의 은혜를 발견할 수 있다. 심지어는 빵 한 쪽에서도 하나님을 만날 수 있다"라고 말합니다. 여기서 끝나도 문제인데, 한 단계 더 나아가 다른 사람에 대해서 "왜 너는 그렇게 하지 못하니?" 하며 답답함을 느낍니다. 반면, 스스로는 만족감을 느낍니다. 흐린 날 하늘을 가득 메운 구름을 보면서, 다른 사람들은 그저 날씨가 안 좋다고 인상을 찌푸리는데 나는 도리어 구름 속에서 멋진 패턴들을 볼 수 있다며 자부심을 느낍니다.

그러나 문제는 이것이 하나님에 대한 예배나 경외에서부터 스스로 멀어지는 방법이라는 데 있습니다. 은혜 받은 자에게 교만은 참 쉽게 찾아와 재를 뿌리는 경우가 허다합니다.

이 4가지 함정에서부터 우리 자신을 지켜야 즐거움을 통한 무한한 혜택을 누릴 수 있습니다. 이것이 일상 속에서도 하나님의 은혜의 빛을 누릴 수 있는 지혜입니다.

1. 'pleasure'란 무엇인가?

- 아주 보편적이며 일상적인 즐거움의 경험을 의미한다.
- 그런데 초자연주의적 관점에서 바라보면 일상 역시 창조주의 기적이다. 루이스는 "즐거움이란 우리의 감각에 와 닿는 영광의 광선들이다"라고 설명한다.

2. 하나님의 영광이 세상에 비치는 3가지 모습

- 첫째, 하나님의 영광의 윤리적 측면인 선함
- 둘째, 하나님의 영광의 인식적 측면인 진리
- 셋째, 하나님의 영광의 미적 측면인 즐거움
- 진, 선, 미 모두 하나님의 영광을 만나는 방편이 될 수 있다.

3. 모든 즐거움은 경배의 방편

- 루이스는 감각적 즐거움과 예술적 즐거움을 구분 지어서 예술적 즐거움이 영적으로 더 유익하다고 생각하지 않는다.
- 루이스는 모든 즐거움을 하나님에 대한 경배의 방편으로 사용하려고 한다고 고백한다. 하나님께로부터 온 그것을 즐거워하는 것 자체가 경배이고 감사다.
- 즐거움은 그 자체가 하나님의 나타나심이고, 그 순간 자체가 하나님을 향한 경배다. 루이스는 이러한 즐거움과 경외함의 일치를 이루어 낼 수 있다고 생각한다.

· 루이스는 "사람의 제일 된 목적이 무엇입니까?"라는 소요리문답 제1문에 대한 답이 한 가지라는 점을 강조한다("사람의 제일 된 목적은 하나님을 영화롭게 하고 그로 인하여 즐거워하는 것입니다"). 하나님을 온전히 즐거워하는 것이 곧 그분을 영화롭게 하는 것이다.

4. 은혜의 경험을 방해하는 4가지 요소

· 부주의, 잘못된 주의 집중, 욕심, 교만에서부터 자신을 지켜야 일상 속에서도 하나님의 은혜의 빛을 누릴 수 있다.

6장

향유(Enjoyment)

대상에 집중할 때 오는 기쁨

기쁨과 관련된 단어로 루이스가 자주 사용하는 또 하나의 단어는 'enjoyment'입니다. 이 단어의 일반적인 의미는 '즐김', '누림' 정도가 되겠지만, 루이스가 이 단어를 주로 사용하는 목적은 좀 더 기술적인 측면을 가집니다. 아마도 이 단어의 의미를 가장 포괄적으로 잘 표현한 말은 '향유'가 아닐까 생각합니다.

향유에서 중요한 강조점은 대상이며, 그 대상과 나의 관계라고 하는 것이 중요한 관건이 됩니다. 앞서 언급한 볼프의 기쁨에 대한 논증에도 기쁨을 사사로운 감정으로 이해하기보다는 대상에 대한 반응으로, 대상에 대한 평가가 내포되어 있다고 했습니다. 하나님을 기뻐한다는 것은 하나님의 선하심과 의로우심에 대한 올바른 반응이 되어야 하는 것입니다. 이것을 다른 표현으로 '하나님을 올바로 향유한다'고 말할 수 있을 것입니다.

이 장에서 다룰 내용은 루이스가 자아와 대상의 관계를 어떻게 풀어 가고 있는지에 대해서입니다. 조금 까다로운 부분이 있을 수 있으나, 루이스 사상의 중요한 한 축을 다루기에 신중하게 풀어 가야 한다고 생각됩니다.

한마디로 정리하자면, 진정한 향유는 대상에 대한 집중에서 일어나는 결과입니다. 즉 향유 그 자체에 집중하기보다는 향유하는 대상에 집중할 때 그 대상에 대한 진정한 향유가 일어나는 것임을 강조하는 것입니다.

◆ 향유와 관조의 원리

루이스의 회심 과정에서 중요한 역할을 했던 깨달음 중

하나는 사무엘 알렉산더(Samuel Alexander)의 "공간, 시간, 신성"(*Space, Time and Deity*)을 읽으면서 일어났습니다. 이 책에서 루이스는 '향유'(enjoyment)와 '관조'(contemplation)를 구분하는 개념을 접하게 되었습니다. 이 구분은 이후 루이스의 사고하는 방법에 중요한 도구가 되었습니다. 루이스는 이 내용을《예기치 못한 기쁨》제14장에서 이렇게 설명합니다.

당신 앞에 놓인 탁자를 볼 때 당신은 탁자를 보는 행동을 향유하고 동시에 그 탁자를 관조하고 있는 것입니다. 이후에 만일 당신이 광학(光學, optics)을 연구하게 되어 보는 행동 그 자체를 관찰한다면, 당신은 보는 행동을 관조하고 동시에 그 광학적 관찰을 향유하는 것이 됩니다. 또한 당신이 사랑하는 사람을 잃었을 때 당신은 바로 그 사람과 그 사람의 죽음에 대해서 관조하고 있고, 알렉산더의 의미대로라면 이때 몰려오는 고독감과 슬픔을 향유한다고 말할 수 있습니다. 그런데 한 심리학자가 당신의 그 우울한 감정을 들여다보기 시작한다면, 그는 당신의 슬픔을 관조하고 심리학적 관찰을 향유하는 것이 됩니다.[1]

즉 향유는 내가 관조하는 대상과의 관계에서 일어나는 마음의 상태에 대한 것입니다. 그렇다면 어떤 대상에 대해서 내가 할 수 있는 것은 두 가지입니다. 하나는 그 대상에 대해서 관찰하고 연구하는 것, 즉 관조이고, 둘째는 그 대상을 관찰하고 연구하는 것을 누리는 것, 즉 향유입니다. 만일 하나님이 그 대상이시라면, 그분께 향하는 예배는 하나님에 대한 관조에 속하고, 그 예배를 통해 하나님을 즐거워하게 된다면 그것은 향유에 속한다고 할 수 있을 것입니다.

루이스는 알렉산더의 저서를 통해 접한 관조와 향유의 구분을 자신에게 꼭 있어야 할 사고의 도구로 여기게 되었습니다. 그리고 이후 그 결과를 경험하기 시작했습니다. 그가 경험하게 된 것은 사랑, 미움, 두려움, 소망, 욕망 같은 것들은 그 대상에 대해서 집중할 때 생겨나는 마음의 상태들이라는 것입니다. 그 대상에 대한 집중을 멈추는 순간, 그 모든 마음의 상태들은 사라지게 됩니다. 내가 사랑하는 여인에 대한 생각을 멈추면 사랑하는 마음도 멈춰집니다. 내가 두려워하는 대상에 대한 관심을 멈추면 두려움도 없어집니다.

이것과 연결된 중요한 발견은 내가 사랑하는 사람보다 그 사랑이라는 감정에 집중하게 되면, 그 사랑이 대상화되는 순간 그 감정 자체가 허물어진다는 것입니다. 내가 미움을 관찰하기 시작할 때 미움이라는 감정은 사그라집니다. 내가 소망이라는 상태에 집중하게 될 때 소망하는 상태는 멈추게 됩니다. 그러니까 내가 향유하는 것을 관조할 때 그 향유는 멈춰지고 만다는 것입니다.

루이스에게 이것은 경험적으로 습득할 수 있는 것이었습니다. 내가 어떤 여인에 대해 욕망을 품는다면, 신속하게 그 여인보다는 그 여인에 대한 욕망 자체를 관찰하기 시작하는 것이 그 욕망의 불을 끄는 방법입니다. 내게 분노가 치솟는 경우, 나를 분노하게 하는 대상에 대한 관심을 접고 분노라는 감정 그 자체에 집중하게 되면 그 분노는 가라앉게 되어 있습니다. 그렇다면 즐거움을 망치는 가장 분명한 길은 즐거운 감정에 집중하는 것입니다.

◆ 향유의 원리와 내성의 극복

루이스는 어린 시절부터 내성(內省, introspection)에 대한 문제를 안고 있었습니다. 자기의 내면을 과다하게 관찰하는 문제였습니다.

예를 들면, 그의 신앙적인 딜레마 중 하나는 기도를 하려고 하는데 기도의 대상이 잘 잡히지 않는 것이었습니다. 하나님께 기도를 한다면 마음의 시선을 도대체 어디에 집중해야 하겠습니까? 하나님이 어디 계시는지 몰라서 가끔은 십자가상에 집중하기도 하고, 방의 벽과 천장이 닿는 부분에 눈을 집중해 보기도 했습니다.

그런데 눈을 감으면 기도하는 나, 즉 내가 기도하는 상태와 감정에 대해서 집중하게 되었습니다. 내가 얼마나 열정적이며 감동적으로 기도하고 있는지, 내 안에 어떤 감정 상태가 일어나고 있는지 보고 있자면, 그 느낌들은 다 사라지고 기도를 망치고 마는 것이었습니다. 어린 루이스에게는 이 문제가 너무 힘들었다고 그는 고백했습니다.

내 속에 벌어지고 있는 일들이 무엇이건 그 일을 들여다

보는 순간 멈추게 됩니다. 사실 내 속에 무엇이 보인다면, 그것은 정상적인 내적 작용이 아니라 그것이 멈춰지면서 남긴 잔해들뿐입니다. 기억으로 저장된 어떤 이미지들과 몸에 남겨진 느낌 정도입니다.

그런데 이런 잔해들을 내적 작용 그 자체라고 오해하는 것은 큰 오류가 됩니다. 바람이 지나간 이후에 바닥에 흩어진 낙엽들을 바람 그 자체로 오해하지는 말아야 합니다. 시가 주는 감동이 지나간 이후에 머릿속에 남겨진 이미지들이 그 감동 자체라고 착각하지 말아야 하고, 갈망(Joy)이 흔들고 지나간 이후 머릿속에 남겨진 갈망의 발자취 정도를 갈망 그 자체로 오해하지 말아야 합니다. 그것을 붙드는 순간, 큰 실망감에 빠지게 됩니다.

그러니까 루이스는 관조와 향유의 원리를 통해서 내성의 문제점을 확실히 파악하게 된 것입니다. 그래서 내성을 극복하고 자신에 대한 내면적 관심에서 떠나 대상자를 향해 관심의 눈을 옮기는 것이 절실함을 알게 되었습니다. 자신을 떠나 대상을 향하는 마음의 여정이 있을 때에만 진정한 향유를 경험할 수 있다는 점을 이해하게 된 것입니다.

내가 진정 누리려고 한다면, 누리는 것보다는 내가 누릴 대상에게 관심을 기울여야 합니다. 진정한 예배자의 만족은 예배자의 마음 상태에 집중하는 것이 아니라, 예배를 받으시는 하나님께 집중하는 것입니다. 나 자신에게 집중할 때 예배는 '영과 진리'로 드리는 예배가 아니라, 자기중심적 종교 행위에 그치게 됩니다. 그 결과는 신학적으로나 경험적으로나 참담합니다. 객관자이신 하나님께 집중하지 못하면 심령이 메마른 황폐한 땅이 되어 버립니다.

회심의 과정에서 결국 루이스가 깨닫게 된 것은 자신이 원하는 것이 'Joy', 즉 갈망 그 자체가 아니었다는 사실입니다. 갈망 그 자체는 내 마음속에서 벌어지는 일종의 사건과 같습니다. 그 자체는 가치가 없습니다. 갈망의 가치는 바로 그것이 사모하고 갈망하는 대상에 있었습니다. 그리고 그 대상은 분명히 나의 주관적인 느낌 정도의 것과는 차원이 다릅니다.

물론 이 갈망은 그 어떤 갈망보다 더 원하게 되는 심미적 경험(aesthetic experience)인 것은 분명합니다. 그래서 내가 갈망 그 자체를 원해야 할 것 같지만, 그러나 내가 진정 원해야 할 것은 나의 내면적 경험 밖에 객관적으로 존재하는 대상입니다. 루이스는 향유의 원칙을 발견하게 되면서, 갈망 그 자체보다는 그 대상에 대한 관심을 따라갈 수밖에 없었던 것입니다.

《예기치 않은 기쁨》에 기록된 대로, 루이스는 반복적인 갈망의 경험을 통해서 끌림을 받지만, 결국 그 대상을 알게 되고 만나게 되었을 때 갈망 그 자체에 대한 관심은 줄어들었습니다. 갈망은 목적지에 대한 이정표 역할을 할 뿐입니다. 목적지를 잘 알게 된 사람들에게 이정표는 더 이상 그리 대단한 것이 되지 못합니다.

루이스의 마음은 자기 밖에 존재하는 대상에 대한 확고한 신념으로 끌린 것입니다. 그의 마음 상태와 상관없이 스스로 존재하는 대상(Ding an sich)에 대한 인정은 중요한 결과를 낳습니다. 심지어 그는 "우리 자신이 천국에 도착하는 것보다 더 중요한 것은 천국 그 자체가 존재한다는 사실이다"[2]라는 구호를 인정하게 되었습니다. 천국 자체가 존재한다는 것을 인정할 때 드디어 진정 내가 실제로 천국을 경험하게 되기 때문입니다.

반면, 지옥에 속한 자아는 결국 자기를 제외한 그 아무 것도 인정하거나 느끼지도 못하는 자기중심성과 자기집착에 빠지게 됩니다. 루이스가 인정한 구호와는 너무도 다르게, 타락한 자아는 자신이 존재하지 않는 천국은 인정하지 않습니다. 즉 자신이 배제되어 있는 행복은 그 어디에도 존재하지 않는다고 단정합니다.

여기서 벗어날 수 있는 길은 하나님을 진정한 객관자로 인정하고 그분을 향유하는 것입니다. "내가 구원받는 것보다 더 중요한 것은 나의 구원자이신 하나님이 존재하신다는 사실이다"라는 말이 성립됩니다.

우리의 신앙이 나의 구원 여부나 그 증명에 집중할 때 하나님에 대한 경외와 사랑은 상실하게 되고, 구원파적 오류에 빠져들게 됩니다.[3] 반면, 우리의 신앙이 하나님께 집중될 때 하나님으로 인하여 기뻐하는 것을 누릴 수 있고, 오직 하나님께로부터 오는 모든 하늘에 속한 혜택을 넘치게 향유할 수 있게 되는 것입니다.

1. 'enjoyment'란 무엇인가?

· 루이스가 사용하는 이 단어의 가장 적절한 표현은 '향유'다.

· 진정한 향유는 대상에 대한 집중에서 일어나는 결과다. 즉 향
  유하는 대상에 집중할 때 그 대상에 대한 진정한 향유가 일어
  난다.

2. 관조와 향유의 원리

· 루이스는 사무엘 알렉산더의 글을 통해 '향유'와 '관조'를 구분
  하는 개념을 접하게 되었고, 이는 이후 사고하는 방법에 중요한
  도구가 되었다. 향유는 내가 관조하는 대상과의 관계에서 일어
  나는 마음의 상태에 대한 것이다.

· 대상을 관찰하고 연구하는 것은 관조다. 대상을 관찰하고 연구
  하는 것을 누리는 것은 향유다. 만일 하나님이 그 대상이시라면,
  그분께 향하는 예배는 하나님에 대한 관조에 속하고, 그 예배를
  통해 하나님을 즐거워하게 된다면 향유에 속한다고 할 수 있다.

· 루이스가 관조와 향유의 구분을 통해 경험하게 된 것은 사랑, 미
  움, 두려움 같은 것들은 그 대상에 대해서 집중할 때 생겨나는 마
  음의 상태들이라는 것이다. 그 대상에 대한 집중을 멈추는 순간,
  그 모든 마음의 상태들은 사라지게 된다. 즉 내가 향유하는 것을
  관조할 때 그 향유는 멈춰지게 된다.

3. 내성의 문제와 극복

· 루이스는 관조와 향유의 원리를 통해 어린 시절부터 안고 있던
  내성의 문제점을 확실히 파악하게 되었다. 내가 진정 누리려고
  한다면, 누리는 것보다는 내가 누릴 대상에게 관심을 기울여야
  한다.

· 갈망은 목적지에 대한 화살표 역할을 할 뿐이다.

· 우리의 신앙이 하나님께 집중될 때 하나님으로 인하여 기뻐하
  는 것을 누릴 수 있고, 오직 하나님께로부터 오는 모든 하늘에
  속한 혜택을 넘치게 향유할 수 있게 된다.

7장

풍미(Taste)

타자를 느낄 줄 아는 기쁨

내성에서부터의 해방은 루이스에게 새로운 지평을 열어 주었습니다. 그것은 바로 타자의 맛을 아는 기쁨을 습득하게 된 것이었습니다.

영어 표현에 'acquiring taste'라는 말이 있습니다. 이는 어떤 색다른 것에 대한 미각을 습득한다는 의미입니다. 이것은 단순히 먹는 문제에 대한 것이 아니라, 온갖 새로운 경험에 적용될 수 있는 표현입니다. 중요한 강조점은 '이전 같았으면 전혀 좋아하지 않았을 것에 대해서 새롭게 맛을 깨달았다'는 데 있습니다. 또 '내가 습득한 맛은 독특해

서 다른 사람들도 자연스럽게 즐길 수 있는 것은 아니다'
라는 의미도 담겨 있습니다.

내성의 문제는 단순히 성격적인 차원의 것이 아니라, 죄
라는 뿌리에 근원합니다. 일반적으로 타락한 인류는 자
기중심적이고 이타적이지 않습니다. 그래서 마음의 저
항을 극복하고 타자를 풍미할 줄 아는 기쁨을 습득하는
'acquiring taste'의 여정이 필요합니다. 루이스에게 중요
한 또 하나의 기쁨의 경험은 사람에 대한 풍미입니다. 자
아가 아닌 타자를 느낄 줄 아는 기쁨은 인생을 가치 있게
하는 중대한 경험이며 천국의 맛입니다.

《고통의 문제》 제8장 "지옥"에서 루이스는 일반적으로
부담스럽게 느껴질 수 있는 지옥의 교리가 사실은 합리적
이라는 것을 설명해 나갑니다. 그중 중요한 주장 하나는
지옥에 떨어지는 영혼들은 그 일을 자처하고 있다는 것입
니다. 하나님의 심판과 정당한 보응에 의해 지옥에 빠지
게 되는 것에 앞서, 사실상 지옥행을 스스로 결정하고 있
다는 것입니다.

왜 그럴까요? 지옥에 들어가는 영혼들의 기질은 자기 자

신이 아닌 그 무엇이라도 거부하는 성향을 지녔습니다. 이렇게 자기중심적인 존재들은 그 무슨 대상을 만나더라도 그 대상을 자기의 일부 또는 부록 정도로 만들어 버립니다. 반면, 선을 누릴 수 있는 능력을 가진다는 것은 '타자를 풍미하는 기쁨'(taste for the other)을 지닌 것입니다.

하지만 지옥을 선택하는 자들에게 치명적으로 결여된 것은 바로 이 풍미의 기능입니다. 죽기 이전에는 적어도 육체라는 것이 있어서 어쩔 수 없이 그 몸이 닿는 외부 세계와 어느 정도는 연결이 유지되고 있어 완전한 단절 상태에 들어가지는 못합니다. 하지만 육체의 죽음이 이 마지막 연결 고리마저 끊어 버립니다. 결국 죽음을 통해서 그들이 원하는 바를 완성시킵니다. 이제는 아무런 제재 없이 자아에게만 집중할 수 있습니다.

그들은 오직 자기 자신에게만 관심이 있습니다. 그 누구의 도움도 없이 자기 속에 있는 것만을 가지고 최선을 다하려고 하는데, 안타깝게도 하나님의 은혜를 끝까지 거부하는 자아 속에 발견되는 것은 결국 지옥밖에는 없습니다.[1]

◆ 루이스의 사회적 윤리

이제 다루어야 할 중요한 주제는 루이스의 기쁨 담론에 포함되어야 할 사회적이며 윤리적인 측면입니다. 앞서 언급한 대로 볼프의 경우, 루이스의 기쁨에 대한 논증은 개인적 영성의 측면에서는 강하지만 사회적, 정치적 측면에서는 공헌이 미약하다는 입장을 밝힌 바 있습니다.

루이스의 사회적 윤리에 대한 포괄적인 입장은 《순전한 기독교》제3권 제3장에 분명하게 제시되어 있습니다.[2] 그 기본 윤리는 "무엇이든지 남에게 받고자 하는 대로 너희도 남에게 하라"라는, '황금률'이라고 불리는 주님의 명령을 기초로 합니다. 그런데 여기서 다루고자 하는 것은 루이스가 어떻게 사회적이며 윤리적인 측면을 기쁨 담론의 일원으로 구체화하고 있는가입니다. 핵심적인 방향은 타자를 풍미할 줄 아는 삶에 대한 것입니다.

이 면에 괄목할 만한 연구를 남긴 신학자는 길버트 메이랜더(Gilbert Meilaender)입니다. 그는 《타자에 대한 풍미: C. S. 루이스의 사회 및 윤리적 사상》(*The Taste for the Other: The Social and Ethical Thought of C. S. Lewis*)에서 루이스의 저서를 두루 연구한 내용을 발표했는데, 그 결론은 루이스에게는 충분한 사회적, 윤리적 고민과 뚜렷한 공헌이 있다는 것입니다. 그리고 그 중심에는 루이스의 '타자에 대한 풍미' 사상이 있다고 주장합니다.[3]

그는 유력한 루이스 학자인 채드 월쉬(Chad Walsh)의 생각을 반박하며 서두를 시작합니다. 월쉬는, 앞서 언급한 볼프와 비슷한 맥락에서, 기독교 사회 철학에 대해서는 루이스에게 배울 것이 없다는 입장을 표명했는데, 이에 대해 메이랜더는 정면으로 반대하는 견해를 펼칩니다. 루이스가 정치적 이슈에 대해서 직접적인 답을 내리는 경우가 흔치 않다는 점에는 동의하지만, 그러므로 루이스의 사회 철학에 대한 이해가 부족하다고 말할 수는 없다는 것입니다.

대부분의 사회 철학자들처럼, 루이스에게서도 큰 신학적 프레임 안에서 정치와 사회에 대해서 논할 근거를 찾을 수 있고, 그뿐 아니라 루이스는 우리가 사회적 관계 속에서 어떻게 살아야 할지에 대해 충분한 비전을 제시한다고 보았습니다.

메이랜더의 입장을 간단히 정리하면, 루이스가 이해하는 공동체 개념과 거기에서 흘러나오는 관계적 윤리를 강조한 것입니다. 그 중심 사상은 모든 인간은 하나님과 함께하는 공동체적 삶을 위하여 창조되었고, 이 초월적 공동체는 모든 인간관계 속에 내재적으로 퍼져 나간다는 것입니다.

《고통의 문제》에서 루이스가 언급했듯이, 인류 최초의 부모들이 저지른 죄는 자신들의 영혼이 자기들의 것이 되기를 원했던 것이며, 이런 입장은 여전히 타락한 인간들이 지닌 죄악 된 사고 속에 드러납니다. 그러나 실제로 이런 생각은 근본적으로 거짓되고 허황됩니다. 사실상 우리의 영혼은 우리의 것이 아닙니다. 오직 창조주에게 달려 있고, 그분께 연결될 때만 참 존재적 의미를 지니게 됩니다.

그렇다면 하나님과의 교통이 인간에게 제시된 인간의 목적이며 우리가 도착해야 할 종착역입니다. 누구든지 이 목적에 이르지 못한다면, 그것은 인간으로서의 온전함(full humanity)을 성취하는 데 실패한 것입니다.

루이스는 현세 속에서 우리가 온전한 인간성을 성취하는 것은 불가능하다고 보았습니다. 그렇다면 그의 생각은 종말적 측면을 강하게 지니고 있습니다. 현세는 온전한 인간성을 향하여 가는 여정입니다. 그리고 이 여정 속에서 수많은 도전을 맞이하게 됩니다. 하지만 격려도 있습니다. 이 세상은 하나님이 이곳저곳에 세워 두신 종말적 이정표들로 채워져 있습니다.

이 여정을 통하여 습득해야 할 대표적 과제는 자아를 내려놓는 것입니다. 자아를 내려놓는 과정은 하나님과 또 타자들과 교통 속으로 들어가는 것입니다. 거기에서 참된 인간성을 경험하게 되는 것입니다. 지옥은 인간성의 말살을 의미하며, 그곳은 타자에 대한 풍미를 온전히 상실한 현장입니다. 반면, 하나님과 이웃과의 교통을 가능하게 하는 것은 자기를 내어 주는 사랑(self-giving love)입니다.

'자기 내어 줌'은 하나님의 삼위일체적 공동체 안에서 이루어진 영원한 현실이고, 하나님의 창조 세계 속에 드러난 원리이며, 기쁨을 유발하는 근원입니다. 진정한 기쁨은 타자를 향유하는 즐거움입니다. 대상이 없는 즐거움은 타락한 자기 사랑에 불과합니다. 사실상 자기 사랑은 사랑이 아니라 자기 속에 일어나는 느낌들에 대한 집착일 뿐입니다.

메이랜더가 결론 부분에서 인용한, 루이스의 《오독: 문학 비평의 실험》(홍성사, 2017)에 등장하는 문구가 있습니다. 이 문구는 바른 독서에 대한 설명이지만, 이 원리를 너무 잘 설명하고 있습니다.

좋은 독서가 본질적으로 감성적, 도덕적, 지성적 활동이라고 규정할 수는 없지만, 이 3가지와의 연관성을 간과할 수 없습니다.

사랑이란 감성을 통하여 우리는 자아에서부터 탈출하여 서로와의 관계 속으로 도피합니다. 도덕적 측면에서 모든 공의롭고 긍휼한 행위는 우리 자신들이 다른 사람의 입장에 서도록 하는 것이며, 이것은 우리 안에 있는 경쟁적 개별성을 초월하는 행위입니다. 어떤 사실을 우리가 바로 이해한다는 것은 그 사실이 우리를 위해서 존재한다는 생각을 거부하고 객관적 사실 그 자체로서의 고유적 가치를 인정할 때 가능한 것입니다. 그런데 우리 안에 발견되는 첫 번째 충동은 자기 스스로를 보전할 뿐 아니라 자신을 위대하게 만들고자 하는 것입니다. 반면, 두 번째 충동은 자신에서부터 탈출하고 지역주의

(provincialism)를 탈피하며 고독을 치유하는 것입니다.

사랑, 덕망, 지식의 추구, 예술적 아름다움의 수용이란 바로 이 두 가지 충동의 갈등 속에 진행되고 있습니다. 한편에서는 이 여정을 스스로를 확장하려는 과정으로 삼으려고 하고, 다른 쪽에서는 잠시라도 자신을 포기하고 상실하는 것이 요구되는 과정임을 알고 있습니다. 그런데 여기에 해묵은 역설 (paradox)이 있습니다. '자기의 생명을 내어놓는 자만이 그것을 구할 것입니다.'[4]

루이스의 기쁨 담론은 향유의 이론에서 볼 수 있었듯이 이타적입니다. 자기중심성은 천국의 기쁨과는 정반대편에 서 있습니다. 자기중심성은 지옥의 성품입니다. 그리고 처음에는 작은 차이처럼 보일는지 모르나, 천국과 지옥의 거리는 무한하게 벌어져 갑니다.

루이스가 본 종말의 역동은 천국과 지옥의 완전한 이혼이며 이별입니다. 그 종말적 구분 지어짐이 세계와 개인의 역사의 끝자락에 머물러 있는 것이 아니라, 현세 속으로까지 소급적으로 뻗어 들어와 영향을 떨칩니다. 사람들은 이미 현재 이곳에서 천국 또는 지옥을 맛보고 경험하고 있습니다. 천국에 속한 것은 고난이라도 영광으로 변하고 있고, 지옥에 속한 것은 쾌락이라도 저주로 물들어 갑니다. 지옥을 떨치고 천국으로 향하는 방향은 자아라는 감옥을 탈출해 밖을 향하고, 타자를 향하여 나아가는 여정입니다.

기독교의 이야기는 자아에 대한 죽음을 통해서만 진정한 생명을 누린다는 것입니다. 세례라는 성례전에 담긴 의미가 바로 그러합니다. 자신에 대하여는 죽고, 하나님께 대하여는 사는 것입니다. 이것이 그리스도의 죽음과 부활에 참여하는 모습입니다.

성찬에 담긴 의미 역시 그리스도의 자기 내어 줌입니다. 자신의 살과 피를 내어 주시는 분이 바로 우리의 구원자이십니다. 주님은 자신을 온전히 내어 주심으로 우리에게 생명을 부여하십니다. 이 같은 성찬의 기쁨을 누리는 우리는 그리스도의 몸에 속한 지체가 되어 서로를 향하고, 또 세상을 향하여 우리 자신을 내어 주는 데 헌신합니다. 이렇게 이루어지는 것이 공동체적 삶입니다. 루이스의 관계 윤리는 이런 이해 위에 세워져 있습니다.

◆ 서로를 풍미하는 참 공동체의 모습

루이스의 공동체에 대한 이해를 잘 드러내 주는 것은 "멤버십"(*Membership*)이란 제목의 그의 강연입니다.[5] 이 글에서 루이스는 종교를 '사람이 혼자 있을 때 하는 일'이라고 정의하는 것은 부당하다고 주장합니다. 종교를 사적인 것으로 이해하는 것은 타락한 인간에게는 자연스럽지만, 동시에 무척 위험한 생각입니다.

현대 사회는 개인주의와 집단주의의 양면에서 우리 삶을 불편하게 만들고 있습니다. 개인주의가 사회 전반에서 개인이 지닌 책임을 망각하게 하고 있고, 아울러 집단주의를 통해서 우리의 인간성을 침해하고 있습니다. 이러한 경향 속에서 이 시대의 종교는 사적 종교 개념과 집단 종교 개념 둘 사이에서 갈피를 잡지 못하고 동요하고 있습니다. 그런데 개인주의와 집단주의를 동시에 극복할 수 있는 패러다임이 있다면, 그것은 바로 기독교적 공동체 개념입니다.

루이스는 모든 사람이 처한 삶의 자리를 세 단계로 구분합니다. 가장 기본적으로는 모든 사람이 처한 사회 단위로서 '세속 공동체'가 있습니다. 그 위에 존재하는 것이 '개인적 삶'입니다. 그런데 가장 높은 자리를 차지하고 있는 것은 '신앙 공동체'입니다. 이런 기본적인 틀 안에서 낮은 단계에 있는 공동체는 더 높은 단계를 받쳐 주는 역할을 합니다. 루이스는 '세속 공동체는 초자연적인 유익이 아니라 자연적인 유익을 위해 존재하기 때문에 가정, 우정, 그리고 개인적 공간을 원활하게 유지하게 하고 지켜 주는 것이 가장 중요한 목적이다'라고 생각합니다. 이것이 건강한 사회의 모습입니다.

> 자연적 가치를 놓고 본다면, 태양의 가장 따뜻한 미소를 받는 대상은 즐겁게 함께 식사하는 가족, 맥주 한 잔씩 앞에 두고 대화를 나누는 친구들, 좋아하는 책을 여유 있게 읽고 있는 한 사람입니다. 이런 장면들을 지켜 주고 지속되게 하지 못한다면 모든 경제, 정치, 법률, 군대 및 제도들은 모래사장에 쟁기질을 하고 바다에 씨를 뿌리는 것과 같을 뿐이고, 공연히 마음만 들뜨게 하고 애태우되 무의미한 일에 불과합니다.[6]

공적 기관의 문제들이 사회 안에서 집중되고 조명을 받고 있다면 그것은 건강한 사회가 아닙니다. 마치 건강한 사람은 소화 기능이 원활하기 때문에 소화 기능에 신경을 뺏기지 않고, 일상에서 필요한 일에 마음을 쏟을 수 있는 것과 같습니다.

동시에 개인적 삶이 받쳐 주어야 하는 것은 개인주의가 아니고 신앙 공동체적 삶입니다. 역설적인 것 같지만, 세속적 집단주의와 신앙 공동체는 동일선상에 있지 않습니다. 사실은 세속적 집단주의가 가지고 있는 치명적 특성에 대한 방어책으로 신앙 공동체가 제시되어야 합니다. 잘못된 집단주의는 개인의 영역을 가차 없이 몰아내려는 경향이 있습니다. 현대인들은 군중, 소음, 북적거림 속에서 홀로의 자리, 침묵과 참된 우정에 굶주려 있습니다.

그러나 집단주의의 대처로 기독교가 제시해야 할 것은 개인적 영성이 아닙니다. 그리스도인은 신비한 몸의 멤버십을 위해 부름 받은 사람입니다. '멤버십'이란 말의 현대적 의미가 어떤 사회 단체의 일원이 된다는 것 정도로 이해되긴 하지만, 그리스 어원을 보면 '멤버'란 몸에 속한 '장기'를 의미합니다. 그러므로 멤버란 '본질적으로는 서로 다르지만 상호 보완적인 것들'이라고 이해되어야 합니다. 각 장기들은 구조와 기능뿐 아니라 위계도 다릅니다.

루이스가 기독교적 공동체의 패러다임에서 본 가능성은 '전혀 다른 사람들이 이루어 내는 조화로운 연합'이고, 이것이야말로 개인주의와 집단주의를 동시에 벗어날 수 있는 유일한 피난처로 여긴 것입니다.

그리스도인들은 그리스도 안에서 한 몸으로 부름 받았지만, 동시에 모두 각자에게 주어진 다른 신앙의 여정을 경험하게 됩니다. 하나님은 각 사람에게 각자의 이야기를 주십니다. 이것은 앞서 언급한, 천국에서 각자가 고유하게 누릴 수 있는 기쁨, 만족에 대한 내용과 맥이 통합니다. 이것이 가능한 이유는 무한한 존재이신 하나님이 우리의 궁극적인 타자가 되시기 때문입니다. 그분과의 관계 속에서 이 모든 것이 의미를 갖습니다.

위대하신 하나님은 각 개인을 각자 고유한 여정으로 이끄십니다. 신자들의 공동체에서 드러나는 다양성은 우리 하나님이 이끄시는 길들이 얼마나 다양하고 풍성한지를 증명해 줍니다. 세속 사회가 보는 사람들에 대한 평가는 단조롭고 축소적이지만, 신앙 공동체적 관점에서 보는 성도들은 거의 환상적일 만큼이나 다양합니다. 루이스는 "순종은 자유로 가는 길이며, 겸손은 즐거움으로 가는 길이고, 연합은 개성으로 가는 길이다"라고 선언합니다.

아울러 다양한 자들이 하나인 그리스도의 몸을 이루는 일치성은 그들이 함께 지닌 공통된 목표에서부터 나옵니다. 그것은 바로 주님과의 교통입니다. 이 유일한 근거에 따라 다양한 지체들이 하나의 목적으로 묶일 수 있는 것입니다.

이 일치성 안에 인위적인 평등의 강요는 없습니다. 그것은 집단주의적 발상이고, 사실상 불가능한 가정에 불과합니다. 같은 유니폼을 입었다고 하나가 되는 것은 아닙니다.

루이스는 평등이란 타락 이후 인간의 한계에 대한 보호적 기능일 뿐 최종적인 목적은 아니라고 믿었습니다. 평등의 개념을 통하여 절대 권력을 견제하는 기능은 인간의 타락 때문에 발생한 어쩔 수 없는 필요에 의한 결과입니다. 타락한 존재들은 권력을 제대로 감당할 수 없기 때문입니다. 민주주의는 각기 자기주장을 하는 체제가 아니라, 상호 견제와 균형의 체제입니다. 이것은 모든 사람이 악하다는 전제로부터 시작되는 것임을 명심해야 합니다.

루이스는 인간의 가치가 평등하다고 주장하는 것은 무의미하다고 생각했습니다. 왜냐하면 하나님과의 관계 없이는 각 인간의 영혼 자체만 놓고 볼 때 그 가치는 0에 불과하기 때문입니다. 우리가 사랑을 받을 만한 존재이기 때문에 하나님이 우리를 사랑하시는 것이 아니라, 하나님은 사랑이시기 때문에 우리를 사랑하시는 것입니다. 평등이 존재한다면 그것은 하나님의 사랑 때문이지, 우리 안에서 그 근거를 찾을 수는 없습니다.

그러므로 "권위를 행사할 때는 겸손하게, 순종할 때는 기쁨으로!" 이것이 우리 영혼이 살아가는 방식입니다. 누군가를 사랑할 때 우리는 '나와 너는 똑같다'고 말하려는 세상의 방식을 거부하는 것입니다. 성도의 공동체는 일자로 서서 행진하고 있는 것이 아닙니다. 우리는 자신을 내어 주는 기쁨을 누리며 함께 춤을 추고 있는 것입니다. 그리고 이 춤은 영원 속에 펼쳐지는 삼위일체 하나님의 춤에 참여하는 것입니다.[7]

1. 타자를 아는 맛

· 내성에서부터의 해방을 통해 루이스는 타자의 맛을 아는 기쁨
을 습득하게 되었다. 자아가 아닌 타자를 느낄 줄 아는 기쁨은
인생을 가치 있게 하는 중대한 경험이며 천국의 맛이다.

2. 루이스의 사회적 윤리

· 루이스의 사회적 윤리에 대한 포괄적인 입장은 "무엇이든지 남
에게 받고자 하는 대로 너도 남에게 하라"라는 주님의 명령을
기초로 한다.

· 루이스는 어떻게 사회적이며 윤리적인 측면을 기쁨 담론의 일
원으로 구체화하고 있는가? 핵심적인 방향은 타자를 풍미할 줄
아는 삶에 대한 것이다.

· 이 세상은 하나님이 이곳저곳에 세워 두신 종말적 이정표들로
채워져 있다. 이 여정을 통하여 습득해야 할 대표적 과제는 자
아를 내려놓는 것이다. 자아를 내려놓는 과정은 하나님과 또 타
인들과 교통 속으로 들어가는 것이다.

· 하나님과 이웃과의 교통을 가능하게 하는 것은 자기를 내어 주
는 사랑이다. '자기 내어 줌'은 하나님의 삼위일체적 공동체 안
에서 이루어진 영원한 현실이고, 하나님의 창조 세계 속에 드러
나 있는 원리이며, 기쁨을 유발하는 근원이다. 진정한 기쁨은 타
자를 향유하는 즐거움이다.

3. 서로를 풍미하는 공동체

· 그리스도인은 신비한 몸의 멤버십을 위해 부름 받은 사람이다. 멤버란 '본질적으로는 서로 다르지만 상호 보완적인 것들'이다.

· 다양한 자들이 하나인 그리스도의 몸을 이루는 일치성은 그들이 함께 지닌 '주님과의 교통'이라는 공통된 목표에서부터 나온다.

· 성도의 공동체는 자신을 내어 주는 기쁨을 누리며 함께 춤을 추고 있는 것이다. 그리고 이 춤은 영원 속에 펼쳐지는 삼위일체 하나님의 춤에 참여하는 것이다.

8장

희열(Delight)

예배자가 누리는 기쁨

타자(the other)를 풍미하는 기쁨이 루이스에게 얼마나 중요한 개념인지를 앞서 강조했습니다. 그런데 당연히 가장 위대한 타자(the Other)는 하나님이십니다. 루이스가 사용하는 기쁨에 대한 단어 중에 'delight'가 자주 등장하는 지점은 바로 이 위대한 타자이신 하나님을 향한 예배에 대해서 설명하는 부분입니다. 'delight'는 기쁨을 표현하는 단어 중에 가장 밝고 강렬한 '희열'이라는 단어로 번역하는 것이 좋을 듯합니다.

예배에 대한 루이스의 이해를 가장 잘 담아낸 그의 글은

《시편 사색》(홍성사, 2019)입니다.[1] 루이스가 성경 텍스트를 중심으로 묵상한 내용으로는 거의 유일한 저서인데, 루이스의 생애 끝 무렵에 저술한 내용으로, 그의 영적 성숙을 엿볼 수 있는 아주 유용한 책입니다.

그는 시편이 자신에게 주는 가장 큰 유익은 하나님에 대한 희열을 표현해 주는 것이라고 말합니다. 그리고 바로 이 희열이 다윗왕으로 하여금 언약궤 앞에서 힘껏 춤을 추도록 한 동력이라고 설명합니다. 그가 시편을 사색하면서 어떻게 그 희열을 설명해 나가는지를 보는 것 자체가 우리에게는 큰 희열이 됩니다.

루이스가 《시편 사색》에서 희열과 연관해 다루는 주제는 3가지입니다. 첫째는 성전을 중심으로 하는 예전, 둘째는 '토라'라고 불리는 율법, 셋째는 찬양에 대한 묵상입니다.

◆ 희열과 성전

: "그의 성전에서 여호와의 아름다움을 바라보며"

구약 이스라엘의 신앙은 성전과 토라(율법)를 중심으로 합니다. 오늘까지 이르는 유대인들의 디아스포라 역사 속에 지속되어 온 회당(synagogue) 중심의 신앙은 그곳에서 토라를 낭독하고 가르치는 데 집중합니다.

하지만 유대인들이 여호와 하나님께 드리는 예배의 중심이었던 성전은 그들에게 과거의 역사가 되었습니다. 오늘날 교회는 설교와 교육을 통하여 회당의 역할을 하는 동시에, 성례를 집례하는 것으로 성전 예배의 전통을 지속하고 있습니다. 그리스도인에게 성전은 건물의 외형과 구조와 상관없이, 예배와 성례가 이루어지는 모든 현장에서 구현된다고 할 수 있습니다.

시편에 등장하는 예배의 자리는 한마디로 '희열(delight)이 넘치는 현장'입니다. 종교적인 의무감에 교회당을 찾아가는 것이나 주문을 외우듯 드리는 기도와는 차원이 다른 활기와 강한 에너지가 있습니다. 시편의 예배가 확산된다면, 이 과정은 지적 설득보다는 일종의 전염과 같이 이루어진다고 말할 수 있겠습니다. 기쁨의 감정에는 전염성이 있습니다.[2]

루이스는 유대인들의 신앙은 분석적이거나 논리적인 측면이 중심이 아니라, 경험적이고 감각적이라고 설명합니다. 왜냐하면 이것이 헬라의 고대 철학 전통을 제외한 대부분 고대인들의 성향이었기 때문입니다. 그래서 하나님을 사랑하는 마음의 작용과 성전 중심의 종교 축제를 즐기는 행위는 이원화되기가 어렵습니다. 현재의 교회에서 이루어지는 모습으로 설명하자면, 영과 진리로 예배를 드리는 진실됨과 예배 과정에서 만나게 되는 음악과 외형적 예전들 사이에 구분을 짓는 것이 어려웠다는 의미입니다.

요즘처럼 분석적 사고가 자연스러운 현대인들은 자주 내적 신앙과 종교 행위를 구분하여 생각하는 경향이 있습니다. 하지만 이것은 시편에서 드러나는 신앙적 희열과 춤과 찬양이 하나로 묶여 있는 당시의 모습과는 거리가 있습니다.

가장 순박하고 어린아이 같은 심령으로 예배하는 진실

한 그리스도인에게 내적 종교와 모든 외형적 종교를 나눠서 생각하라고 강요하는 것은 옳지 않습니다. 그들에게 회중의 찬양하는 기쁨과 예배 이후 나누는 만찬의 즐거움은 분리되지 않습니다. 단순한 신앙인에게 이 모든 것은 하나로 통합되어 있습니다.

그러므로 시인이 표현하는 하나님을 만나고 싶어 하고 그분을 갈망하는 마음은 사실상 성전에서 벌어지는 종교적 축제를 보고 싶어 하는 것과 동일한 생각입니다. 따라서 아주 구체적입니다. 만일 현대인의 분리적 사고를 가지고 그 자리에 있었다면 축제밖에는 볼 수 없었겠지만, 고대인들은 그 축제의 현장에서 하나님의 운행하심을 보았습니다.

"하나님이여 그들이 주께서 행차하심을 보았으니 곧 나의 하나님, 나의 왕이 성소로 행차하시는 것이라 소고 치는 처녀들 중에서 노래 부르는 자들은 앞서고 악기를 연주하는 자들은 뒤따르나이다"(시 68:24-25). 이것은 성전 찬양대의 노래 부르는 자들과 춤추는 자들을 본 순간, 하나님의 임재를 느꼈다는 의미도 아닙니다. 이것 역시 현대인들의 이원론적 사고입니다. 고대인들에게는 성전에서 벌어지는 축제 그 자체가 하나님의 임재였습니다.

시인이 "내가 내 평생에 여호와의 집에 살면서 여호와의 아름다움을 바라보며"(시 27:4)라고 고백했을 때 이것은 성전에서 어떤 영적인 환상이나 하나님을 체험하는 특별한 경험을 했다는 말이 아닙니다. 성전에 있는 것과 성전 예식을 보는 것 자체가 하나님의 아름다움을 경험하는 것입니다.

루이스는 인간의 마음이 더욱 추상적이고 분석적이 되었을 때 이와 같은 고전적 일치성을 상실하게 되었다고 주장합니다. 그래서 성전 예식과 하나님에 대한 영적 체험이 별개의 것으로 분리되기 시작했습니다. 그러다 보니 종교 예식은 실제적인 신앙적 경험의 열등한 대체가 되고 말았습니다. 종교 행위와 하나님에 대한 경외가 피차 엇갈리게 되고, 전자가 후자의 대용이 되어 버린 것입니다.

이런 경향은 이미 유대 종교 속에 등장했습니다. 그래서 제단에 예물을 드리는 것과 진정으로 하나님을 뵙는 것 사이에 커다란 격차가 생겼습니다. 그때 예물의 의미가 축소

되는 것이 아니라, 더 거대한 의미를 갖게 되어 버립니다. 예물을 맡아 다루는 제사장들에게 이것은 그들만의 예술이 되고, 그들의 생활 수단이 되어 버렸습니다. 그러다 보니 종교적 기능이 더욱 화려해지고, 점점 더 확대되었습니다. 그래서 선지자들이 이처럼 제도화된 외형적 종교에 대해서 책망하기 시작하고, 신앙적 본심을 강하게 강조하는 모습이 등장하게 된 것입니다.

그런데 이런 문제는 성전 그 자체나 종교적 예전과 축제에 있는 것은 아닙니다. 문제는 이것이 내적 종교와 분리되기 시작했다는 데 있습니다. 그렇다면 시편을 통해서 우리가 다시 회복해야 할 것은 하나님에 대한 순수한 기쁨과 희열입니다.

시인들에게는 하나님의 아름다움을 보기 위하여 성전을 향하기도 하고(시 27:4), 거룩한 절기를 지키기 위하여 무리지어 "기쁨과 감사의 소리를 내며" 성전을 향하여 오르고 싶은 간절함이 보입니다(시 42:4). 이 간절함은 "사슴이 시냇물을 찾기에 갈급함"같이 하나님을 향한 애절한 갈망으로 표현되어 있습니다(시 42:1-2). 성전이 있는 시온에서부터 하나님의 빛이 온전한 아름다움으로 비쳐 오는 것을 봅니다(시 50:2). 성전에 갈 수가 없어서 주를 뵙지 못하게 되었을 때 그들의 영혼과 육체는 "물이 없어 마르고 황폐한 땅"과 같이 되었습니다(시 63:1). 그들은 "주의 집 곧 주의 성전의 아름다움으로 만족"하기를 갈망합니다(시 65:4). 주의 제단에서는 "참새도 제 집을 얻고 제비도 새끼 둘 보금자리"를 얻는 것처럼 진정한 쉼을 누리게 되기 때문에 "주의 궁정에서의 한 날이 다른 곳에서의 천 날보다 나은" 것입니다(시 84:3, 10).

하나님에 대한 이런 깊은 갈망을 갖는 것은 그들에게 종교적 공로를 쌓는다든지 자신의 경건성을 과시하는 것과는 거리가 멉니다. 이런 갈망을 갖는 것 자체가 거대한 영적 특권이고, 동시에 아주 자연스럽습니다. 육체적 목마름이나 배고픔이나 사랑하는 사람에 대한 애틋한 그리움과 다르지 않게 경험됩니다.

그래서 그들은 기뻐하고 즐거워하며, 온갖 악기를 깨워 동원해 연주하고, 폭발적인 즐거움으로 찬양하고 행복한 소리로 주변을 가득 채웁니다. 손뼉을 치며 찬양하고, 소고를 치고, 큰 소리 나는 제금을 연주하고, 춤추면서 찬양합니다. 그리고 바로 그 순간은 가장 현장감 있게 하나님의 임재를 최상의 기쁨으로 누리고 있는 시간입니다.

시편을 통하여 고대 이스라엘의 성전 축제를 조명해 본 루이스는 바로 우리 시대에 이런 영적 희열을 갈망해야 한다고 말합니다. 마음과 행동이 분리되지 않는 기쁨, 사랑과 예식이 하나로 묶여 드려지는 예배가 시편을 통하여 우리가 만나는 영적 희열의 모습입니다.

◆ 희열과 토라
: "주의 법은 꿀과 송이 꿀보다 더 달도다"

구약 이스라엘 신앙의 중심에는 성전과 함께 토라가 있습니다. 시편 19편 10절에 표현된 대로, 하나님의 법은 순금보다 더 사모할 것이며 꿀보다 더 답니다. 말 그대로 희열 그 자체입니다.

루이스는 하나님의 긍휼, 신원, 선하심은 희열의 대상이 될 수 있지만, 하나님의 법과 심판을 경고하는 말씀에서 희열을 느낀다는 것은 쉽게 이해가 되지 않는다고 고백합니다. "도둑질하지 말라", "간음하지 말라"라는 엄중한 명령 등은 순종해야 하는 것이라면 이해가 되지만, 이 명령이 너무 달콤하고 흥분을 감출 수 없을 만큼 기쁘다고 하는 것이 말이 됩니까.

어떤 학자들은 이 기쁨은 순종을 전제로 하고, 스스로 느끼는 뿌듯함이나 양심의 편안함에 대한 것이라고 설명하기도 합니다. 하지만 루이스가 볼 때 시인들의 표현 속에서 '책임 완수' 같은 느낌은 전혀 받을 수가 없었습니다.

"여호와의 율법을 즐거워하여 그의 율법을 주야로 묵상하는도다"(시 1:2)라는 시인의 고백은 순종하는 것과는 사뭇 다릅니다. 묵상의 뜻은 집중하고, 공부하고, 이것이 너무 좋아서 마음에 넣고 싶어 하는 모습을 말합니다. 이런 상태에 있을 때 말씀에 대한 자신의 열정과 신학적 업적에 대하여 자만한 마음이 생기는 위험성이 따릅니다. 이것이 주님이 책망하셨던 율법주의자들의 문제입니다.

루이스는 자신이 훌륭한 신학자가 되지 않은 것에 감사

하다고 말했습니다. 그 이유는 좋은 신학자가 되는 것을 좋은 신앙인이 된 것으로 착각하는 경우가 너무 많기 때문입니다.[3] 하지만 이러한 부정적인 결과는 말씀 자체에 문제가 있기 때문이 아닙니다. 시편이 표현하고 있는 말씀에 대한 희열이 드러내는 것은 말씀 그 자체가 하나님의 선하심과 아름다움을 비춰 내고 있기 때문입니다.

율법에 대한 칭송과 환호로 가득 찬 시는 시편 119편입니다. 이 시는 장편일 뿐 아니라 그 구조가 아주 섬세합니다. 히브리어 자음의 순서대로 '알레프'(א)에서부터 '타우'(ת)까지 22개의 연으로 나누어져 있고, 각 연은 8개의 절로 되어 있으며, 각 절은 해당 자음으로 시작되는, 소위 '아크로스틱'(acrostic) 형태의 시입니다.

루이스는 이 시의 구조 자체가 시인의 마음을 드러내고 있고, 시인이 다루고 있는 주제의 의미를 잘 반영한다고 생각합니다. 마치 수를 놓는 섬세한 작업처럼, 장인이 오랜 시간의 침묵과 주제에 대한 애정과 함께 느긋하면서도 절도 있는 작업을 하는 희열을 품고 한 자, 한 자 써 내려간 것입니다.

시인이 느꼈던 토라에 대한 애정을 시 자체에 대한 애정으로 비추어 냅니다. 둘 다 아주 섬세한 패턴에 대한 순종을 요구하고 있습니다. 이것은 질서에 대한 희열입니다. 마치 파트너들의 절도 있는 움직임을 요구하는 춤 같이, 정확하고 올바른 기술 자체를 즐기는 것입니다.

그러나 시인은 그것으로 율법적 완벽함에 도달할 것이라는 환상을 갖지는 않습니다. 오직 주의 법도를 잘 따를 수 있도록 하나님의 도우심을 구할 뿐입니다. 이런 순종에 대한 갈망은 종이 느끼는 주인에 대한 두려움에서 나오는 것이 아닙니다. 그보다는 하나님의 마음에 있는 거대하고 온전한 질서가 토라를 통하여 아름답게 비치는 것을 흠모할 뿐입니다.

그렇다면 이런 아름다움이 매일의 삶 속에 자리 잡게 할 수 있는 방법은 무엇일까요? '주의 율례들을 즐거워하는 것'이며(119:16), '모든 재물을 즐거워함같이 주의 증거들의 도를 즐거워하는 것'이고(119:14), '주의 율례들이 나의 노래가 되는 것'이며(119:54), '주의 말씀의 맛이 내 입에 꿀보다 더 달게 느껴지도록 하는 것'이고(119:103), '주의 입의 법이

내게는 천천 금은보다 좋아지게 하는 것'입니다(119:72).

그러는 중에 내 영의 눈이 더욱 열리면, 말씀 안에 더 귀한 것을 볼 수 있게 되고 우리 속에 더 큰 경이로움을 일으키게 될 것입니다. "내 눈을 열어서 주의 율법에서 놀라운 것을 보게 하소서"(119:18).

◆ 희열과 찬양
: "찬양은 희열의 완성이다"

루이스는 《시편 사색》 제9장에서 하나님에 대한 찬양과 우리의 기쁨의 관계에 대한 뛰어난 통찰력을 보여 줍니다. 이 글은 예배자가 누릴 희열에 대하여 가장 높이 평가받을 만한 탁월한 진술입니다.

루이스는 회심 이후 새롭게 신앙 공동체에 입문했을 때 이해하기 어려웠던 가르침이 있었다고 고백합니다. 그것은 우리가 하나님을 칭송(praise)해야 하고, 그것이 하나님이 요구하시는 바라는 것이었습니다.

종교생활에 익숙한 자들에게는 너무 당연한 것이지만, 루이스는 이 점이 쉽게 이해되지 않았습니다. 왜냐하면 일반적으로 사람들은 자신이 괜찮은 자라고 지속적으로 인정하기를 요구하는 사람들을 별로 좋아하지 않기 때문입니다. 우리는 독재자 앞에 운집한 군중이 환호하며 그의 병적인 자기도취를 충족시켜 주는 모습을 경멸합니다. 연예인이나 성공의 아이콘이 된 억만장자의 경우라도 마찬가지입니다.

루이스는 이와 비슷한 형태로 하나님과 그분 앞에 선 예배자들의 모습이 머릿속에 그려지는 것이 우스꽝스럽고, 심지어 끔찍하게 느껴졌습니다.

그러나 사실 시편은 "하나님을 찬양하라!"라는 명령으로 가득 차 있습니다. 그뿐 아니라 주위 사람들에게도 하나님을 칭송할 것을 권하라고 명령합니다. 심지어는 하나님의 1인칭적 선언도 있습니다. "감사로 제사를 드리는 자가 나를 영화롭게 하나니"(시 50:23). 이는 마치 하나님이 "내가 가장 원하는 것은 내가 위대하고 엄청나다는 말을 계속 듣는 것이다"라고 말씀하시는 것 같습니다.

심지어는 하나님에 대한 이런 이해를 기반으로 일종의 흥정을 하는 듯한 내용도 있습니다. 시편 30편, 88편, 119편에서 시인은 "나를 구원해 주세요. 그래야 내가 주님을 찬양할 수 있지 않겠습니까?"라고 말하고 있습니다. 또한 어떤 경우 시인은 자기가 얼마나 여러 번 반복적으로 찬양을 하는지를 언급하기도 합니다. "내가 하루 일곱 번씩 주를 찬양하나이다"(시 119:164).

루이스는 이러한 것이 자신을 심각한 혼란으로 빠뜨렸다고 고백합니다. '하나님에 대한 감사, 그분에 대한 경외, 그분에 대한 순종은 이해가 가지만, 이처럼 끊임없는 찬사를 요구하시다니.'

이 문제를 풀어 가는 데 있어서, 일차적으로 루이스에게 '자격론'이 실마리가 되었습니다. 어떤 미술 작품에 대해서 칭찬받을 만하다고 할 때, 이 말은 그것이 그 작품에 대한 올바르고 적절하고 타당한 반응이라는 의미입니다. 즉 그 작품은 그 자체로 칭찬을 받을 만한 자격이 있다는 것입니다. 그런 칭찬은 반드시 요구되는 것입니다. 도리어 칭찬하지 않는다면 어리석고 무심한 태도이고, 뭔가 중요한 사실을 놓치는 것이 됩니다.

자연과 예술의 영역에는 이처럼 칭송을 받아 마땅하고 당연히 요구할 자격이 있는 대상들이 존재합니다. 루이스는 이런 관점에서 '하나님은 우리에게 찬양을 요구하신다'라는 말이 이해되기 시작했습니다. 하나님은 당연히 존중받으실 대상이고, 그분을 존중하는 것이 현실에 대한 바른 자각이고 삶을 제대로 사는 모습입니다. 반면, 하나님에 대한 칭송과 감탄이 없다면, 그것은 가장 위대한 경험을 상실하는 것입니다.

또 하나의 깨달음이 그 뒤를 잇습니다. 그것은 바로 하나님이 예배를 받으시는 과정 속에서 자신을 그분의 백성들에게 나타내시고 그들과 함께 교통하신다는 사실입니다. 하나님의 아름다우심이 드러나는 가장 대표적인 현장은 그분의 백성들이 함께 예배하는 자리입니다.

하나님이 예배를 요구하시는 이유는 그분께 예배가 필요해서가 아닙니다. 하나님은 필요에 의해서 희생 제물을 요구하지 않으셨습니다. "내가 가령 주려도 네게 이르지 아니할 것은 세계와 거기에 충만한 것이 내 것임이로다"

(시 50:12). 우리가 예배를 하나님께 드린다고 하지만, 사실은 예배의 현장에서 하나님이 자기 자신을 우리에게 주시는 것입니다.

그런데 루이스가 발견한 더 중요하고 타당해 보이는 찬양의 이유가 있습니다. 그것은 칭송은 모든 향유의 자연스러운 결과라는 것입니다. 모든 행복한 향유는 당연히 그 대상에 대한 칭송으로 넘치게 됩니다. 그래서 온 세상은 칭송으로 뒤덮여 있습니다.

사랑에 빠진 남자가 그의 여인에 대하여 칭송하는 것으로부터 시작해, 애독자는 그가 제일 좋아하는 시인에 대해서 칭송하고, 산책을 하는 자는 자기가 제일 좋아하는 산책로를 보면서 감탄하며, 스포츠광은 자기가 제일 좋아하는 팀을 보면서 환호합니다. 칭송의 대상은 끝이 없습니다. 날씨, 와인, 접시, 연예인, 자동차, 말, 역사적 인물, 꽃, 산, 심지어는 정치인과 학자들에 대해서도 칭송의 말들은 쏟아질 수 있습니다.

가장 겸손하고 균형 잡히고 포용력이 있는 사람이 칭찬하는 데 더 익숙하고, 반면에 성질이 사납고 불만이 차 있고 적응하지 못하는 사람은 칭찬에 인색합니다. 좋은 비평가는 불완전한 작품 속에서도 칭찬할 만한 구석을 찾아내고, 반면 별 볼 일 없는 비평가는 어떤 경우에도 칭찬에 인색합니다. 건강한 사람들은 아주 평범한 식탁에서도 만족을 누릴 수 있지만, 병든 사람들은 어떤 식단이라도 문제의식을 갖습니다.

찬양이라고 하는 것은 그 사람의 내적 건강을 외적으로 증명해 주는 것이 아닐까요?[4] 내가 정상적인 상태에 있다면, 내가 즐거워하는 대상을 칭찬하고 칭송하는 것은 당연합니다.

더 나아가 루이스가 깨달은 것은 칭송은 향유의 표현 정도가 아니고 향유의 완성이라는 것입니다.[5] 사랑하는 대상을 향하여 아름답다고 칭찬하는 것은 단순히 칭찬에 머물지 않습니다. 이것이 표현되는 것이 더 큰 희열이고 사랑의 완성입니다. 내가 발견한 기쁨을 표현하고 찬양하고 함께 나눌 때 그 기쁨이 더욱 온전해진다는 것은 당연한 논리입니다. 비록 우리의 표현이 부족하고 아쉬움이 있다고 할지라도, 이것은 엄연한 사실입니다.

만일 우리가 충분히 표현하고 누릴 수 있다면, 그 희열은 더욱 넘쳐 나지 않겠습니까. 그러므로 대상이 더욱 귀중할수록 그 대상에 대한 합당한 반응은 클 수밖에 없고, 그로 인하여 느껴지는 반사적인 희열은 더욱 강렬하게 일어날 것입니다. [6] 만일 우리 영혼이 온 우주에서 가장 소중한 대상이신 하나님을 온전히 누리고 사랑하고 감격하고 기뻐하고, 더 나아가 그 기쁨을 가장 적절하게 표현할 수 있는 능력을 갖춘다면, 우리의 영혼은 그야말로 최상으로 복된 자리에 있게 됩니다.

루이스는 또다시 천국을 상상합니다. 아마도 천국을 설명할 수 있는 최고의 표현을 여기서 발견할 수 있지 않을까요? 천국에서 이루어지는 영원한 찬양은 지겨운 행위의 반복이 아닙니다. 지금 이 세상에서 드리는 예배의 연속 정도가 아닙니다. 우리가 지금 드리는 예배는 천국의 예배에 비하면 그저 전주에 불과합니다.

그런데 천국의 교리를 이해하기 위해서는 우리가 하나님과 완전한 사랑을 나누고 있는 상태를 상상해야 합니다. 표현력이 따라오지 못해서 그 사랑의 희열이 우리 안에 답답하게 감금되어 있는 상태가 아니고, 우리 속에서부터 거침없이 완벽하게 멈추지 않는 물줄기처럼 쏟아져 나오는 상태가 되는 것입니다. 우리는 그 희열 속에 취해 있고, 빠져 있고, 아주 녹아 있는 모습일 것입니다. 거대한 빛 앞에서 그 빛을 반사해 내는 거울처럼, 우리에게 비친 기쁨이 우리의 찬양을 통하여 아무런 막힘없이 그대로 표현될 것입니다.

그 영광스러운 희열을 지금 감히 어떤 언어로 설명할 수 있을까요.

1. 'delight'란 무엇인가?

· 가장 위대한 타자는 하나님이시다. 루이스가 'delight'(희열)를 자
주 사용하는 지점은 바로 이 위대한 타자이신 하나님을 향한 예
배에 대해서 설명하는 부분이다.

2. 희열과 시편

· 루이스는 시편이 자신에게 주는 가장 큰 유익은 하나님에 대한
희열을 표현해 주는 것이라고 말한다. 그가 '희열'과 연관해 다루
는 주제는 3가지다. 성전을 중심으로 하는 예전, '토라'라고 불리
는 율법, 찬양에 대한 묵상이다.

· 성전 : 마음과 행동이 분리되지 않는 기쁨, 사랑과 예식이 하나로
묶여 드려지는 예배를 갈망해야 한다.

토라 : 하나님의 법은 순금보다 더 사모할 것이며 꿀보다 더 달
다. 말 그대로 희열 그 자체이다.

찬양 : 찬양은 희열의 표현일 뿐 아니라 희열의 완성이다.

3. 천국의 예배

· 천국에서 이루어지는 영원한 찬양은 이 세상에서 드리는 예배의
연속 정도가 아니다. 우리가 지금 드리는 예배는 천국의 예배에
비하면 그저 전주에 불과하다.

· 천국의 교리를 이해하기 위해서는 우리가 하나님과 완전한 사랑

을 나누고 있는 상태를 상상해야 한다. 우리는 그 희열 속에 취해 있고, 빠져 있고, 아주 녹아 있는 모습일 것이다.

9장

춤(Dance)

하나님의 사랑과 기쁨의 향연

마지막으로 다루고 싶은 주제는 "춤"에 대한 것입니다. 이 주제는 천국의 희열을 감히 설명하는 마침표가 될 것입니다. 아울러 이것은 기쁨 담론에 있어서 루이스의 가장 독창적인 공헌이라고 말할 수 있을 것 같습니다. 바로 '춤추시는 삼위일체 하나님'의 이미지인데, 이 표현이 담고 있는 강렬한 에너지를 고려할 때 충분히 기쁨 담론의 절정에 놓을 수 있는 주제입니다.

루이스 신학의 특징 몇 가지를 설명하는 글에서 옥스포드의 신학자 폴 피데스(Paul S. Fiddes)는 "춤추시는 하나님"(The Divine Dance)을 대표적인 주제로 다룹니다. 하나님의 존재 형태를 춤으로 설명하는 것이 지난 20-30년 동안 점차적으로 확산되는 것이 신학적 추세이지만, 루이스 이전에는 삼위일체 하나님의 존재 자체를 춤으로 설명하는 것은 찾아볼 수 없는 일이라고 그는 말합니다. 그러므로 이 주제에 대한 루이스의 거룩한 상상력은 그의 독창적인 신학적 공헌으로 간주해야 한다고 봅니다.[1]

현대의 여러 신학자들은 '페리코레시스'(perichoresis)라는 단어를 사용하여 삼위일체 하나님의 상호 침투 또는 상호 내주하심을 설명합니다. 그런데 이 단어는 '페리코류오'(περιχορεύω)라는 헬라어 동사와 밀접한 관계가 있는데, 그 의미는 '두루 다니며 춤추다'(to dance around)입니다. 그래서 삼위 하나님의 페리코레시스에 대한 신학적 담론에 자주 등장하는 이미지가 춤입니다.

그런데 앞서 언급했듯이, 삼위일체 개념을 춤으로 설명하는 경우는 루이스 이전에는 찾아보기가 어렵습니다. 반면, 피데스가 발견한 것은 전혀 움직이지 않으시는 하나님을 중심에 두고 천사들이 그분 주위를 맴돌며 춤추는 이미지인데, 이는 몇 군데에서 찾을 수 있습니다. 예를 들면, 6세기경 대표적인 동방 신학자인 위-디오니시우스(Pseudo-Dionysius)의 《천상의 위계》(*The Celestial Hierarchy*)에서 볼 수 있는데, 이 글은 루이스가 그의 문학 비평서 《폐기된 이미지》(비아토르, 2019)에서 언급했던 것입니다.

하지만 루이스의 하나님은 한자리에 멈춰 계시는 분이 아닙니다. 피데스의 주장은 루이스가 과거 신의 이미지를 온 우주의 근원이며 전혀 움직이지 않는 근본, 즉 정체되어 있는 근원자(Unmoving Mover)로 설명했던 플라톤(Plato)이나 아리스토텔레스(Aristoteles)의 입장을 뒤집었다는 것입니다. 그 결과, 고대 헬라 철학의 영향을 받은 서구 기독교가 오랫동안 품고 있던 움직임이 없는 하나님에 대한 신학적 인식에 문제의식을 던졌다고 주장합니다.

◆ 춤추시는 삼위일체 하나님

루이스는 《순전한 기독교》 제4권 "Beyond Personality"(인격을 넘어서)에서 하나님에 대한 교리를 다루는데, 특히 기독교의 특징인 삼위일체 교리를 설명하려고 합니다.[2] 여기서 그는 기독교와 다른 종교들의 가장 중요한 차이를 이야기합니다. 기독교에서 하나님은 정적인(static) 존재가 아니십니다. 심지어는 일반적인 의미로 '인물'(person)이라는 표현도 적절하지 않아 보입니다. 반면, 루이스가 주장하는 하나님은 역동적이며 요동치는 활동, 생명, 일종의 드라마와 같습니다.[3] 만일 이것이 불경스러운 표현이 아니라면, 일종의 춤으로 보고 싶다고 루이스는 말합니다.

우선, 그는 삼위일체를 설명하려고 합니다. 성부와 성자를 개별적인 인격으로 부른다면, 성부와 성자의 연합 자체도 너무 구체적이고 생동적인 현실이기에 별도의 인격이라고 부를 수 있습니다.

루이스는 여기서 성령을 이렇게 설명해 보려는 것입니다. 사회 단위로 모여 있는 가족, 모임, 조합 같은 것에는 일종의 공유되는 '정신'(spirit)이 있습니다. 여기서 정신이란 개별적으로 있을 때는 취하지 않는 행동과 말의 패턴이 그들과 함께 있을 때는 나타난다는 의미로 볼 수 있습니다. 이 정신을 하나의 인격체라 부를 수는 없을지라도, 인격체 같은 성격을 지닌다고는 할 수 있을 것입니다.

삼위일체 하나님을 이해하기 위해서 예를 든 것이지만, 여기까지입니다. 인간 공동체와 하나님의 삼위일체적 공동체는 차이가 드러납니다. 성부와 성자의 생명의 연합으로 일어나는 인격은 단순히 정신이 아니라 실재입니다. 그분을 제삼위, 즉 성령 하나님이라 부릅니다.

여기에서 우리는 성령에 대한 루이스의 흥미로운 이해 전개를 볼 수 있습니다. 그는 성령에 대한 우리의 이해가 성부와 성자에 비해서 분명하지 않고 모호하다고 느낀다면, 그것은 이상한 것이 아니라고 설명합니다. 왜냐하면 성령은 그리스도인과의 관계에서 우리가 바라보는 대상이 아니라, 우리를 통하여 역사하시는 분이기 때문입니다.

기도를 가장 대표적인 예로 들 수 있는데, 설명하자면 성부는 저기 앞에 계셔서 나의 기도를 받으시고, 성자는 내 곁에 함께 계셔서 나로 하여금 아들의 입장에 서서 기도할 수 있도록 도우시고, 성령은 우리 안에 계셔서 직접 탄식하며 기도를 이끄십니다. 이처럼 루이스는 기도를 삼위일체적 패턴으로 보여 줍니다.

또 루이스는 이렇게 덧붙여 설명합니다. 하나님은 사랑이십니다. 그런데 그 사랑이 사람 속에서, 사람을 통하여, 사람들 사이에서 역사하십니다. 역사하시는 이 사랑의 정체는 바로 영원 속에 성부와 성자 사이에 일어나는 사랑입니다. 이 인격적인 사랑의 정체가 바로 성령이십니다. 루이스는 이런 역동적인 하나님의 삼위일체적 존재를 하나의 드라마나 춤으로 이해하는 것이 가장 합당한 방법이라고 본 것입니다.

◆ 삼위일체적 사랑 공동체

삼위일체 하나님에 대한 이해는 너무 중요합니다. 하나님의 존재가 온 우주에게 가장 중요하다면, 하나님에 대한 이해는 너무도 중요합니다. 그리고 앞서 설명한 것과 같이, 삼위 하나님의 생명의 춤과 드라마가 우리 각자의 삶속에서 연출되어야 하고, 우리는 그 춤 안에서 우리의 존재적 자리를 잡아야 합니다. 이것 외에 창조주가 우리를 위해 의도하신 행복을 누릴 수 있는 길은 없습니다.

우리 주위를 살펴보면, 좋은 일이든 좋지 않은 일이든 모두 전염(infection)을 통하여 퍼져 나갑니다. 따뜻함을 느끼기 원하면 모닥불 앞으로 가야 합니다. 물에 젖고 싶다면 물속으로 들어가야 합니다. 기쁨, 능력, 평안, 영생을 누리고 싶다면 이것들을 지닌 대상에게 가까이, 심지어는 그 안으로 들어가야 합니다.

잘 생각해 보면, 이것들은 하나님이 우리에게 때에 따라 건네주시는 상품 같은 것들이 아닙니다. 하나님 자신이 품고 계신 속성이며, 그분의 생명력 그 자체입니다. 모든 존재의 중심이 되신 그분께로부터 뿜어 나오는 아름다움 그 자체인 것입니다. 우리가 거기에 가까이 간다면 그 뿜어 나오는 생명수에 젖을 것이고, 떨어져 있다면 메마름을 면치 못할 것입니다. 하나님과 연합된 사람은 영생을 누릴 것이고, 하나님과 분리된 사람은 시들어 죽을 것입니다.

우리가 구원이라는 것을 상품화했을 때 어떤 문제가 생

기는지를 어렵지 않게 이해할 수 있는 대목입니다. 구원은 하나님의 생명에 참여하는 것이지, 내가 하나님과 별도로 간직하고 필요할 때만 꺼내어 쓸 수 있는 것이 아니지 않습니까.

하나님의 기쁨을 어떻게 설명하는 것이 좋을까요? 바로 하나님의 삼위일체적 춤에서부터 뿜어져 나오는 생명의 에너지라고 할 수 있을 것입니다. 이 거대한 역동을 상상해 볼 수 있다면 이러한 모습일 것입니다. 온 우주는 성부와 성자와 그 사랑의 연합이 끊임없이 뿌려 대는 영광의 빛으로 차 있습니다. 온 우주는 하나님의 거대한 기쁨으로 가득합니다. 하나님의 웃음소리가 온 우주에 울려 퍼집니다.

루이스의 우주 공상 소설《페렐란드라》(홍성사, 2011)의 마지막 장면에서 주인공 랜섬(Ransom)은 위대한 춤(the Great Dance)의 환상을 목격합니다.[4] 이 춤 속에 삼위일체 하나님의 페리코레시스가 자세히 서술되어 있는 것은 아니지만, 소용돌이치듯 하는 이 춤이 어떤 것인지를 소설가의 상상력을 동원하여 표현해 내고 있습니다.

랜섬이 본 것은 이 춤에서부터 사방으로 뿌려지는 하나

님의 사랑과 아름다움입니다. 강력하게 흐르고 있는 강물이 한 방향이 아닌 수많은 방향으로 동시에 터져 나오고, 끊임없이 새로운 물길을 만들어 내는 것처럼 보입니다.

그런데 이 춤은 빛의 향연입니다. 그리고 그 빛은 원형의 모양으로 두루 감기듯 휘날리는 수많은 리본처럼 보입니다. 이 빛 안에서 모든 존재가 생명을 얻기도 하고 죽기도 합니다. 모든 존재는 바로 이 위대한 춤 안으로 들어오기 위하여 만들어진 것처럼 보였다고 랜섬은 진술합니다. 이 춤을 목격하고 있는 그의 귀에 한 목소리가 들립니다.

그는 그 자신에서부터 나오신 독생자이고 그로부터 나오는 자 역시 그 자신입니다.[5]

이것은 성부와 성자의 관계를 '영원한 낳으심'(eternal begetting)으로, 그리고 성령에 대한 성부와 성자의 관계를 '영원한 내주심'(eternal procession)으로 고백하고 있는 니케아 신조를 반영한 내용입니다.[6]

그렇다면 랜섬이 본 위대한 춤의 정체는 하나님의 삼위
일체적 사랑 공동체입니다. 영원 속에서 성부가 성자를 낳
으시고, 성부와 성자로부터 성령이 나오시는 모습이 의미하
는 것은 영원하고 완전한 사랑 공동체의 형성을 의미합니다.

이 형성은 우리가 알고 경험하는 시간 안에서 이루어진
과정이 아닙니다. 원래 한 분이신 하나님이 어느 날 세 분
이 되신 것이 아닙니다. 하나님의 존재적 일치성(한 분)과
사회성(삼위)은 시간적이거나 논리적인 차등을 갖고 등장
하는 것이 아니라 동일하게 궁극적인 현실입니다.[7] 하나
님의 일치성은 그분의 유일하심을 강조하고, 하나님의 사
회성은 그분이 사랑 그 자체이심을 강조합니다.

사랑은 본질적으로 관계적이기 때문에 사랑이신 하나님
은 한 분이시지만 동시에 성부, 성자, 성령으로 공존하십
니다. 그러므로 하나님의 사랑은 '자기 사랑'(self-love)이 아
니라, '서로 사랑'(loving one another)으로 표현되어야 합니다.

◆ '자기 내어 줌'이라는 천국의 원리

이 사랑의 관계에 대하여 루이스는 《고통의 문제》마지막
장 "천국"(Heaven)에서 설명을 더합니다. 이 사랑의 비밀은
'끊임없는 자기 내어 줌'(self-giving)에 있습니다. 자기 내어
줌을 터득한 자는 하나님의 존재적 '리듬'을 경험하게 되는
것입니다.

삼위 하나님의 사회성 속에 이 리듬이 존재하고 있습니
다. 영원한 말씀이신 성자가 자신을 희생 제물로 드리신
것인데, 이것은 역사 속에 성육신하신 그리스도가 오직 한
순간 십자가에 달려 희생을 치르신 일 그 자체로만 이해되
어서는 안 됩니다. 루이스는 성자는 영원 속에서 원래 자
신을 내어 주는 존재이시기 때문에, 그분의 십자가 희생은
당연한 결과라고 보는 것입니다.

세상의 기초가 놓이기 이전에 독생하신 신성(begotten Dei-
ty)은 그분을 낳으신 신성(begetting Deity)에게 끊임없이 자신
을 양도하고 계신다는 것입니다. 뿐만 아니라 낳으심(begett-
ing) 그 자체도 성부가 자신을 내어 주시는 모습입니다. [8]

192

이러한 원형 속에서 존재의 참된 원리가 나옵니다. 가장 높은 존재로부터 가장 낮은 존재에 이르기까지 자아는 포기하기 위하여 존재하고, 자신을 포기함으로 더욱 진정한 자아가 되어 가는 것입니다. 이 과정 속에 자아는 더욱더 적극적으로 자신을 내어 주게 됩니다. 이러한 모습이 영원토록 진행되는 것이 천국의 원칙입니다. 이러한 자기 내어 줌의 시스템 밖에서 떨어져 존재하는 현실은 유일하게 지옥뿐입니다.

루이스는 천국에서 일어나는 게임의 법칙을 이렇게 설명합니다. 천국에서 즐겁게 벌어지고 있는 게임은 '자아'(self)라는 황금 사과를 손에 잡는 즉시 다른 선수에게 패스하는 것입니다. 황금 사과를 손에 든 채 잡히면 그 게임에서 집니다. 물론 지옥에 비슷한 게임이 있다면 황금 사과를 더 많이 차지하는 싸움이겠지만, 천국의 이론대로 하면 황금 사과를 계속 붙잡고 있는 것은 곧 죽음을 의미합니다.

이 순간 우리는 천국을 상상해 볼 수 있습니다. 빛의 속도만큼이나 빠르게 황금 사과를 패스하고 있는 사람들의 움직임이 조화롭게 리듬을 타고 펼쳐지는 장을 생각해 보십시오. 루이스는 이것이 '천국을 조화로움으로 나른하게 만드는' 모습이라고 설명합니다. 이 즐거운 게임, 놀이를 이끄는 분은 하나님 자신이십니다. 성부가 성자를 낳으심으로 자신을 영원토록 세상을 위해 내어 주시고, 또 성자가 순종으로 자신을 영원토록 성부께 내어 드리는 이 영원한 역동인 거룩한 춤 안에서 벌어지는 한판의 흥겨운 놀이인 것입니다.

이 땅 위에서 우리가 겪는 고통과 쾌락들은 이 춤의 움직임을 초보적으로 경험하는 것입니다. 이 춤의 본체에는 현세의 고통과 과히 비교할 수 없는 영광스러움이 있습니다. 우리가 이 영원한 춤에 가까이 갈수록, 그 경쾌한 리듬에 다가갈수록 현세에서 알고 있는 우리의 고통과 사소한 쾌락은 사라져 갈 것입니다. 이 춤 안에는 기쁨이 있습니다.

그러나 기쁨을 위해 춤이 존재하는 것은 아닙니다. 심지어 이 춤은 선함이나 사랑을 위해 존재하지도 않습니다. 왜냐하면 이 춤 자체가 선이고 사랑이며, 그 자체가 행복이고 기쁨이기 때문입니다.

이 춤이 우리를 위해 존재하는 것도 아닙니다. 도리어 우리가 이 춤을 위해 존재합니다. 우리는 이 영원한 하나님의 기쁨과 사랑의 향연을 위해 존재하며, 그 향연에 참여하여 영원토록 하나님을 향유하고 기뻐함으로 그분을 영화롭게 하기 위하여 지어진 존재들입니다.

핵심 노트

1. 춤의 의미

· "춤"이라는 주제는 천국의 희열을 설명하는 마침표와 같다.

· 루이스의 '춤추시는 삼위일체 하나님'의 이미지가 담고 있는 강렬한 에너지를 고려할 때 충분히 기쁨 담론의 절정에 놓을 수 있는 주제다.

2. 삼위일체 하나님과 춤의 표상

· 현대의 여러 신학자들은 '페리코레시스'라는 단어를 사용하여 삼위일체 하나님의 상호 침투 또는 상호 내주하심을 설명한다.

· 이에 대한 신학적 담론에 자주 등장하는 이미지가 춤이다.

· 삼위일체 개념을 춤으로 설명하는 경우는 루이스 이전에는 찾아보기가 어렵다. '춤추시는 삼위일체 하나님'이라는 루이스의 거룩한 상상력은 그의 가장 독창적인 신학적 공헌이라고 말할 수 있다.

3. 춤추시는 삼위일체 하나님

· 기독교에서 하나님은 정적인 존재가 아니시다. 하나님은 역동적이며 요동치는 활동, 생명, 일종의 드라마와 같다. 그래서 일종의 '춤'으로 이야기한다.

· 영원 속에서 성부가 성자를 낳으시고, 성부와 성자로부터 성령이 나오시는 모습이 의미하는 것은 영원하고 완전한 사랑 공동

체의 형성을 의미한다. 사랑은 본질적으로 관계적이기 때문에 사랑이신 하나님은 한 분이시지만 동시에 성부, 성자, 성령으로 공존하신다.

· 성부가 성자를 낳으심으로 그분을 영원토록 세상을 위해 내어 주시고, 또 성자가 순종으로 영원토록 자신을 성부께 내어 드리는 끊임없는 자기 내어 줌이 이 영원한 역동인 거룩한 춤 안에서 벌어진다.

· 삼위 하나님의 생명의 춤과 드라마가 각자의 삶 속에서 연출되어야 하고, 우리는 그 춤 안에서 우리의 존재적 자리를 잡아야 한다. 우리는 이 춤을 위해 존재한다.

천국의 맛에
압도당하다

기쁨을 상실한다는 것은 인간의 초월적 본질을 상실하는 것입니다. 전도자는 이런 삶을 '해 아래서 사는 삶'이라고 표현했습니다. 그리고 그 결과는 허무함뿐입니다. "헛되고 헛되며 헛되고 헛되니 모든 것이 헛되도다"(전 1:1).

전도자의 통찰력은 여기서 끝나지 않습니다. 해 아래서 자신의 초월성을 망각한 인간이 즐거움을 스스로 만들어 내려는 모습에서 더욱더 그 헛됨을 발견합니다. "나는 내 마음에 이르기를 자, 내가 시험 삼아 너를 즐겁게 하리니 너는 낙을 누리라 하였으나 보라 이것도 헛되도다"(전 2:1). 전도자의 결론은 삶을 미워하는 것입니다. 해 아래서 하는 모든 일이 그에게는 괴로움뿐입니다. 그의 모든 수고는 실망에 이를 수밖에 없습니다.

그런데 그가 또 발견한 사실이 있습니다. 그것은 하나님이 인간을 창조하실 때 '영원을 사모하는 마음'을 주셨다는 것입니다(전 3:11). 그렇다면 영원을 사모하는 인간은 그 사모함에 접근할수록 기쁨과 의미를 발견하게 될 것입니다. "사람마다 먹고 마시는 것과 수고함으로 낙을 누리는 그것이 하나님의 선물인 줄도 또한 알았도다"(전 3:13). 이 기쁨은 위대한 발견입니다. 이것은 하나님이 은혜로 주시는 선물이고, 그분이 베푸시는 구원입니다.

C. S. 루이스가 주장하는 기쁨 담론은 믿음의 눈으로 세상을 바라볼 수 있는 것으로 진행됩니다. 물론 단순히 관

찰하는 것부터 시작하자면 당장은 믿음의 렌즈가 필요하지 않을지도 모릅니다. 인간에게 예기치 않았던 손님으로 찾아오는 'Joy'에 대해서 솔직한 진술들이 모아질 수 있다면, 즐거움에 관한 연구에 필요한 기본적인 자료 수집이 가능할 것입니다.

하지만 이 자료들을 분석하고 연구하기 위해서는 반드시 믿음이라는 도구가 필요합니다. 왜냐하면 믿음이 있을 때 'Joy'의 참된 의미를 이해할 수 있기 때문입니다. 'Joy'의 근원이 천국이고 천국의 주인인 하나님이시라는 사실을 아는 것이 믿음으로 가능해지기 때문입니다.

그런데 이 믿음은 비이성적인 것이 아닙니다. 중세기의 철학자 캔터베리의 안셀름(Anselm)이 말한 것처럼, 믿음은 '올바른 이해를 구하는 방법'(*fides quaerens intellectum*)입니다. '이해를 구하는 믿음'(faith seeking understanding)의 작용이 없이는 아무리 많은 사실이 모인다 할지라도 참 지식으로 성립될 수가 없습니다.

수많은 경험의 파편이 모여 하나의 그림이 되기 위해서는 그것들이 가리키는 방향을 읽을 수 있어야 합니다. 인생은 수많은 조각으로 만들어진 퍼즐 같아서 큰 그림을 상실하면 혼란과 공허로 치닫게 된다는 것이 저를 포함한 수많은 사람의 경험입니다.

기쁨의 조각들이 우리의 삶을 덮고 있습니다. 기쁨을 기쁨으로 보지 못하고, 그것마저도 허무와 실망으로 보는 것은 너무나 큰 불행입니다. 우리는 모든 기쁨의 순간을 통해서 하나님의 손길을 볼 수 있어야 합니다. 루이스는 "어떤 사람들은 하나님을 어디서나 발견합니다. 그러나 다른 이들은 어디서도 발견하지 못합니다. … 많은 것이 보는 눈에 달려 있습니다"[1]라고 말했습니다.

우리의 감각에 와 닿는 쾌락과 그것을 누리는 즐거움, 우리의 영혼에 엄습하는 'Joy'라는 갈망, 그리고 그것이 남기고 가는 아쉬움과 더 크게 일어나는 열망을 통하여 우리는 '하나님의 빛의 조각들'이 쏟아져 내리는 신비함을 계속 경험해야 합니다. 오늘도 하늘 지성소에서부터 온 우주에 메아리치고 있는 하나님의 웃음소리를 들을 수 있어야 합니다. 그리고 춤추시는 하나님의 옷자락이 온 우주에 가득한 광경을 볼 수 있어야 합니다.

불행을 자처하는 인생들이 놓치고 있는 것이 바로 이 기쁨 담론이라는 것을 발견하게 되었습니다. 자기 집착에 똘똘 뭉쳐서 타자를 풍미할 수 있는 기능을 상실하고 살아가는 인생의 비극이 여기저기서 진행되고 있습니다. 하늘로부터 쏟아져 내리는 영롱한 빛이 조금도 스며들 곳이 없도록 방어 태세를 하고 살아가는 영혼들이 너무 많습니다.

씨 뿌리는 자는 한없이 너그럽고 풍성하게 씨를 뿌려 대고 있는데, 길가와 돌밭과 가시떨기가 되어 버린 그들의 마음은 씨를 방치하고, 결국 그 기운을 막아 버리고 맙니다. 천국이 소급적으로 이 세상에서 역사하는 것같이, 지옥의 비극도 소급되어 현재 속에 그 현실이 진행되고 있습니다. 그리고 지옥의 문은 안으로부터 닫혀 있습니다.

기쁨은 천국의 신호이고 천국에서 떨어지는 물방울입니다. 사도 바울은 '약속의 성령으로 인 치심'이 현 시대를 살아가는 우리에게 주신 '하늘에 속한 모든 신령한 복'의 보증 또는 예약금이 된다고 말했습니다(엡 1:3, 13-14). 바로 그 성령은 기쁨(희락)으로 우리 가운데 역사하십니다. 종말의 영이신 성령이 우리 안에 내재하시며 증거해 주시는 것은 하나님의 자녀 된 자들이 누릴 영원한 천국의 기쁨입니다.

천국의 기쁨은 지금도 이른 비가 되어 우리 위에 툭툭 떨어져 내립니다. 그리고 우리 마음에 미리 임한 천국의 기쁨은 감출 수가 없습니다. 그래서 오늘도 우리는 참을 수 없는 웃음을 발산하며 세상에서 가장 값진 진주를 발견한 상인처럼, 밭에 숨겨진 보화를 발견한 농부처럼 넘치는 기쁨으로 우리의 모든 소유를 팔아 그 진주와 밭을 삽니다.

하지만 완성된 천국에 비하면 현세는 겨자씨와 같습니다. 많은 사람이 현세에 마음을 빼앗겨 천국의 영광에 대한 안목이 없이 살아갑니다. 하지만 루이스의 거룩한 상상력을 통하여 본 천국은 현세의 그 무엇과도 족히 비교할 수가 없습니다.

주님은 겨자씨가 자라서 공중의 새들이 깃드는 큰 나무가 되는 것을 천국의 비유로 말씀하셨습니다. 하늘을 찌르며 솟아오른 거대한 세쿼이아 나무를 본 적이 있다면, 그리고 그 거대한 나무가 수백 년 전 작은 씨앗 하나로부터 시작되었다는 것을 상상할 수 있다면, 주님은 바로 그 모습을 비유로 말씀하신 것입니다.

주님의 말씀처럼 루이스는 현세를 작은 씨앗에 불과하다고 보았고, 그림자로 여겼습니다. 반면에 천국은 가히 비교하자면 거대한 세쿼이아 나무이고, 그것은 세상을 그림자로 드리우고 있는 영원하고 거대한 실체입니다.

회심이란 바로 이처럼 우리의 생각이 뒤집히는 것입니다. 《나니아 연대기: 마지막 전투》에서 루시(Lucy)가 외쳤던 것처럼, 내면이 외면보다 더 큰 현실을 발견하는 것입니다. 이런 생각이 우리의 마음을 지배할 때 놀랍게도 우리의 현세마저 시들지 않고, 도리어 위대한 생명력의 근원에 의해서 푸르르게 피어오르는 경험을 하게 될 것입니다.

이미 여기서 우리는 천국의 맛에 압도당해 환호하며 감사하고 찬양하며 살아가게 됩니다. 아직은 영원한 예배의 현장에 영구한 거주자가 되지 못했다 할지라도, 이미 우리의 영혼이 믿음의 눈을 열어 말로 다할 수 없는 하나님의 아름다우심과 그분의 기쁨의 춤에 들어갈 것을 예기(anticipate)하고 있고, 뿐만 아니라 지금도 거룩한 상상력을 통하여 거기에 참여(participate)하고 있는 복 있는 사람이 되었기 때문입니다.

우리는 C. S. 루이스의 도움으로 완전하고 영원한 기쁨을 헤아려 보았습니다. 단순하게 지나쳤던 기쁨의 경험들 속에 사실은 신비한 비밀들이 숨겨져 있었음을 발견하게 되었고, 그 근원에 삼위일체 하나님의 신적 사랑 공동체가 있음을 알게 되었습니다. 그리고 그분의 본질상 필연적 결과로 나타나는 천국이라는 복된 현실을 만나 보기까지 했습니다.

그렇다면 이제 우리 앞에 남은 것은 지혜로운 선택뿐인 것 같습니다. 현세의 고난과 슬픔마저 천국의 영광스러움을 입게 하겠습니까, 아니면 현세의 성취와 즐거움마저 지옥의 저주스러움을 면치 못하게 하겠습니까? 단순한 선택 같지만 쉬운 선택은 아닙니다. 현명한 자가 선택하는 길, 곧 자기 내어 줌을 통하여 참 생명에 이르는 길이 모두의 것은 아닌 듯합니다. 그래서 그 길로 향하게 해 달라고 하나님께 지혜를 구합니다. "너희 중에 누구든지 지혜가 부족하거든 모든 사람에게 후히 주시고 꾸짖지 아니하시는 하나님께 구하라 그리하면 주시리라" (약 1:5).

"Domine, dona nobis sapientiam!" (주여, 우리에게 지혜를 주옵소서!)

주

1장

1 "Hedonics"는 〈Time and Tide〉라는 간행물(1945년 6월 16일)에 실렸던 짧은 글로, 월터 후퍼(Walter Hooper)가 편집한 《Present Concerns: Essays by C. S. Lewis》(A Harvest Book, 1986)에 포함되어 있다.

2 특히 루이스는 자신의 전문 분야인 문학과 문학비평을 오랫동안 지배하며 낭만주의를 배격하던 현실주의(Realism)를 비판한다.

3 자연주의(Naturalism)와 초자연주의(Supernaturalism) 세계관을 비교하고 초자연주의를 옹호하는 루이스의 포괄적인 주장은 그의 저서 《기적》(홍성사, 2019)에서 만날 수 있다.

4 Justin E. Crisp, "Introduction: A Bright Sorrow," in Miroslav Volf & Justin E. Crisp, ed., *Joy and Human Flourishing: Essays on Theology, Culture, and the Good Life*(Fortress Press, 2015), p. ix.

5   예일신앙과문화연구소(Yale Center for Faith and Culture)에서 진행된 연구 프로젝트의 결과물로 발행된 서적은 미로슬라브 볼프와 그의 제자인 저스틴 E. 크리스프(Justin E. Crisp)가 편집한 《Joy and Human Flourishing》이다. 이 프로젝트에 위르겐 몰트만, 마리앤 톰슨(Marianne Thompson), N. T. 라이트(N. T. Wright) 등이 함께 참여했다.

6   "… an emotional attunement between the self and the world … experienced as blessing."

7   미로슬라브 볼프(예일 대학교 신학부에서 2017년 1월 4일에 진행한 인터뷰 중에서).

8   볼프의 기쁨에 대한 논증은 《Joy and Human Flourishing》에 실려 있는 "The Crown of the Good Life: A Hypothesis"에서 찾을 수 있다.

9   "Theology of Joy: N. T. Wright with Miroslav Volf"(볼프가 N. T. 라이트를 인터뷰한 동영상). https://www.youtube.com/watch?v=2u3PGZc8VsU.

2장

1   "All this earthly past will have been Heaven to those who are saved." [《천국과 지옥의 이혼》(홍성사, 2019) 중에서]

2   Geerhardus Vos, *The Pauline Eschatology*(P&R Publishing, 1979). 《바울의 종말론》(좋은씨앗, 2015).

3   "[The] doors of hell are locked on the inside." [《고통의 문제》(홍성사, 2018) 제8장 중에서]

4   "There are only two kinds of people in the end: those who say to God, 'Thy will be done,' and those to whom God says, in the end, 'Thy will be done.' All that are in Hell, choose it." (《천국과 지옥의 이혼》 제9장 중에서)

5   《천국과 지옥의 이혼》제13장 중에서.

6   "Heaven is reality itself. All that is fully real is Heavenly." (《천국과 지옥의 이혼》제9장 중에서)

7   예수 그리스도의 부활하신 몸에 대한 루이스의 생각은 《기적》제 16장 "The Miracles of New Creation"에 풍성하게 다루어져 있다.

3장

1   "Here at last is the thing I was made for."

2   "Joy is the serious business of Heaven." [《개인 기도》(홍성사, 2019) 제17장 중에서]

4장

1   "An unsatisfied desire which is itself more desirable than any other satisfaction. I call it Joy ···." (《예기치 못한 기쁨》제1장 중에서)

2   이 경험에 대하여, 그리고 이 경험의 변증적 역할에 대하여 필자의 책《본향으로의 여정》(두란노, 2017), pp. 122-132를 참고하라.

3   C. S. 루이스의 《기독교적 숙고》(홍성사, 2020) 제2장 "Christianity and Culture" 중에서.

4   C. S. 루이스의 《순례자의 귀향》(홍성사, 2020), 제3판의 후기("Afterword to Third Edition") 중에서.

5   "For they are not the thing itself; they are only the scent of a flower we have not found, the echo of a tune we have not heard, news from a country we have never yet visited."

5장

1   "··· pleasures are shafts of the glory as it strikes our sensibility."

2   "주의 오른쪽에는 영원한 즐거움이 있나이다"(시 16:11).

3   이 내용은 《시편 사색》(홍성사, 2019) 제9장에 소개되어 있다.

4   "Fully to enjoy is to glorify."

5   존 파이퍼(John Piper)는 그의 저서 《하나님을 기뻐하라》(생명의말씀사, 2020)에서 이 해석을 기초로 해서 '기독교 쾌락주의'(Christian Hedonism)라는 이론을 펼쳐 냈다.

6장

1   *Surprised by Joy*(A Harvest Book, 1956), p. 217. 《예기치 못한 기쁨》.

2   "It matters more that Heaven should exist than that we should ever get there." 루이스는 그의 사상적 변화의 과정 속에 관념주의(Idealism) 단계를 거치게 되는데, 그때 그가 배운 구호가 바로 이것이었다. 관념주의를 넘어 유신론 사상으로 넘어간 이후에도 이것은 그가 가장 중요하게 붙들고 있는 격언으로 남았다. (《예기치 않은 기쁨》 제13장 "The New Look" 중에 등장하는 설명)

3   구원과적 오류는 내가 구원을 받았는지의 여부에 과다하게 집중하는 경향을 말한다.

7장

1   《고통의 문제》(홍성사, 2018) 제8장 중에서.

2   "Social Morality"라는 제목을 가진 짧은 장이지만, 그리스도인의 사회적 책임에 대해서 가장 핵심적인 이슈들을 아주 분명하게 짚어 주

고 있다. 가장 중심적인 것은 그리스도인의 정치적, 경제적, 사회적 활동에서 가장 중요하게 적용해야 할 원리로서, "무엇이든지 남에게 받고자 하는 대로 너희도 남에게 하라"(Do as you would be done by)라는 그리스도의 명령이다.

3   Gilbert Meilaender, *The Taste for the Other: The Social and Ethical Thought of C. S. Lewis*(Eerdmans Publishing Company, 1978).

4   C. S. Lewis, *An Experiment in Criticism*(Cambridge, 1961), p. 138.

5   "멤버십"(*Membership*)은《The Weight of Glory and Other Addresses》(Macmillan Publishing Company, 1980)에 수록되어 있다. 이 강연에 대한 설명은 필자의 저서《본향으로의 여정》, p. 244 이후에도 볼 수 있다.

6   "Membership" in *The Weight of Glory and Other Addresses*, pp. 108-109.

7   "Authority exercised with humility and obedience accepted with delight are the very lines along which our spirits live ⋯ It is like turning from a march to a dance." "Membership" in *The Weight of Glory and Other Addresses*, pp. 115-116.

8장

1   《시편 사색》(A Harvest Book, 1958). "delight"라는 주제에 대해서 가장 도움이 되는 장은 제5장 "The Fair Beauty of the Lord", 제6장 "Sweeter than Honey", 제9장 "A Word About Praising"이다.

2   루이스는 기독교의 신앙의 확산을 일종의 전염("good infection")으로 표현했다. 《순전한 기독교》(홍성사, 2018), 제4권 제4장.

3   "One is sometimes (not often) glad not to be a great theologian; one

might so easily mistake it for being a good Christian."

4   "Praise almost seems to be inner health made audible."

5   "I think we delight to praise what we enjoy because the praise not merely expresses but completes the enjoyment."

6   "The worthier the object, the more intense this delight would be."

9장

1   Paul S. Fiddes, "On Theology", *The Cambridge Companion to C. S. Lewis*(Cambridge University Press, 2010).

2   특히 제4권 중 제4장 "좋은 전염"(Good Infection)에서 춤추시는 하나님에 대한 설명을 만난다.

3   "A dynamic, pulsating activity, a life, almost a kind of drama."

4   《페렐란드라》(홍성사, 2011)는 루이스의 우주 공상 3부작의 두 번째 소설로, 존 밀턴이 다루고 있는 실낙원의 주제를 루이스의 상상을 통해 재구성하고 있다. 주인공 랜섬은 페렐란드라 항성을 타락의 문턱에서 구조하는 구원자의 이미지로 등장한다.

5   "He is his own begotten and what proceeds from Him is Himself."

6   니케아 신조(Nicene Creed)는 니케아 공회(325년)를 기점으로 기독교의 삼위일체 교리를 가장 분명하게 진술해 놓은 초대교회의 대표적인 신앙 고백서다.

7   이것을 표현하는 신학적 용어는 'equal ultimacy'(대칭적 운명)이다.

8   루이스는 고통의 근원을 단순히 타락에서만 찾아서는 안 된다고 생각한다. 죄의 결과로 드러나고 또 가중되는 고통이 있지만, 또 다른 측면에서 고통은 사랑의 수고와 희생, 그리고 순종의 결과로 나타난

다. 이러한 수고와 희생과 순종은 근본적으로 삼위 하나님의 모습 속에 드러난다. 아울러 창조 행위 그 자체도 하나님이 고통을 자처하신 것이 아닐까 질문하기도 한다(《개인 기도》 제17장 중에서). 천국이 '자기 내어 줌'의 연속이라면 심지어 천국에도 선한 고통이 따를 수 있다고 루이스는 추측해 보기도 한다["There may be something not all unlike pains in heaven." (《고통의 문제》 제10장 "Heaven" 중에서)].

에필로그

1   C. S. 루이스의 《기독교적 숙고》에 포함된 "The Seeing Eye" 중에서.